独立国家のつくりかた

坂口恭平

講談社現代新書

2155

Practice for a Revolution
Kyohei Sakaguchi
Kodansha Co.Ltd.,Tokyo 2012

まえがき

はじめまして。坂口恭平です。職業はいまだによくわかっていません。なので、僕はいつも「あなたは僕が何者だと思いますか。それが僕の職業です」と言うことにしています。でも、やっている仕事自体ははっきりしている。

一九七八年に熊本県に生まれ、現在三十四歳。妻と三歳の娘がいる。ヨネという弟子が一人いる。家は70㎡で3DKのマンション。熊本市にある。家賃は6万円。さらにもう一つ、夏目漱石が熊本で五高の英語教師をしていた時の旧居の前に事務所を持っています。こちらは200㎡の土地に建つ築八十年ほどの日本家屋。弟子と一緒に15万円で改修し、家賃3万円という破格で借りている。

二〇一一年の年収は約1000万円。貯金は300万円である。

熊本で生まれ、高校を卒業し、早稲田大学で建築を学ぶために上京。石山修武という建築家のもとで学んだ。卒業後は一年間だけ、石山氏の研究室に0円で潜り込み、その後はずっと一人で仕事をしている。

建築家といいつつも、僕はいまだに現行の日本の法律でいうところの「建築」は建てたことがない。子どものおもちゃみたいな建物はいくつか建てている。つまり、僕は日本の法律上では「建てない建築家」ともいえる。建築士の資格ももちろん持っていない。そもそも僕の仕事で必要だと感じたことがない。

卒業論文は、路上生活者の家の調査をした。ほとんど商品と化してしまっている現在の建築の状況に絶望し、鳥の巣のような家を建てたいと考えていた僕には、彼らの家だけがその可能性を見せてくれる希望の光だったからだ。

その卒業論文は二〇〇四年に『0円ハウス』(リトルモア)という写真集になる。つまり、僕は職業的には写真家として出発した。日本では売れなかったのですぐに欧州、北米に飛び、二〇〇五年からは現代美術の世界で活動を始める。二〇〇六年にはカナダのバンクーバー州立美術館で初の個展を開き、バンクーバーでは現代美術作家と認められ、パトロンもつき、彼らが僕の作品を買ってくれることで主な収入を得ている。

日本では、二〇〇八年から執筆活動を始め、建てない建築家として、自分にとって家とは何かを言語で伝えている。これまで四冊の単行本、二冊の文庫本、一冊の韓国語の翻訳本を出版した。写真集と合わせると八冊の本が出ている。つまり、作家ともいえる。

それ以外にも、月に三～四本、僕はトークショーをしている。話をすることが一番人に自分の考えていることを伝えやすい。大学での講演も多い。でも、真面目な話というよりも、ほとんど笑える話なので、噺家ともいえる。実際に落語もやる。柳家三三《さんざ》師匠の前で前座をやったりもする。つまり落語家でもある。

僕は、ギターを弾きながら歌を歌うこともできる。日に1万円ほど、路上で稼ぐことができる。これで学生時代はずっと食っていた。アルバムも何枚か出している。もちろん、自主レーベルだが。これだけでも食っていくことができる。つまり、僕は音楽家ともいえる。

二〇一二年夏からは、欧州に三ヵ月仕事をしにいく。呼んでくれている人々はみなパフォーマンスや演劇を主宰しているディレクターたちばかりだ。彼らは僕のことを、日常生活自体を演じている役者だと思っている。つまり、欧州から見たら、僕はパフォーマーともいえる。

さらには最近は、車輪が付いた「モバイルハウス」という家を建ててもいる。これは車輪が付いているから法律上は家ではない。バブルで家賃が高騰しているシンガポールでトークをした時には、彼らは僕のことを真剣に建築家として見ていた。つまり、僕は建築家ともいえる。

そして極めつけは、僕は自分で始めた「新政府」の総理大臣でもある。これは何のことかさっぱりわけがわからないでしょうから本文中で徐々に話していきたいと思う。

つまり、僕は独立国家をつくったのだ。

自分の人生をただ自分の手でどこにも属さずつくりあげている。僕はそういう人間だ。

なぜ、そんな人生になってしまったのか。

それには理由がある。

それは、僕が幼い頃から抱えている質問に、誰も答えてくれないからだ。だから独立国家をつくり、自分でそれをひたすら考えている。

ここで、僕の質問を箇条書きにしようと思う。あなただったらどう答えるか。それを考えながらこの本を読んでもらえれば幸いである。

坂口恭平が抱える、子どもの時からの質問――

1　なぜ人間だけがお金がないと生きのびることができないのか。そして、それは本当なのか。

2　毎月家賃を払っているが、なぜ大地にではなく、大家さんに払うのか。

3　車のバッテリーでほとんどの電化製品が動くのに、なぜ原発をつくるまで大量な電気が必要なのか。

4　土地基本法には投機目的で土地を取引するなと書いてあるのに、なぜ不動産屋は摘発されないのか。

5　僕たちがお金と呼んでいるものは日本銀行が発行している債券なのに、なぜ人間は日本銀行券をもらうと涙を流してまで喜んでしまうのか。

6　庭にビワやミカンの木があるのに、なぜ人間はお金がないと死ぬと勝手に思いこんでいるのか。

7　日本国が生存権を守っているとしたら路上生活者がゼロのはずだが、なぜこんなにも野宿者が多く、さらには小さな小屋を建てる権利さえ剝奪されているのか。

8　二〇〇八年時点で日本の空き家率は13・1％、野村総合研究所の予測では二〇四〇年にはそれが43％に達するというのに、なぜ今も家が次々と建てられているのか。

こんな質問をあなたの子どもがしたら何と答えるだろう。
さあ「独立国家のつくりかた」のはじまりはじまり。

目次

第2章 プライベートとパブリックのあいだ 61

プロローグ　ドブ川の冒険

小学一年生の頃にやっていた冒険のことから話そうと思う。

それはとても愉快で、しかもほとんどの人が気付いていない冒険だった。

僕と親友のタカちゃんは二人でよくその冒険をしたものだ。

そして、あの冒険以来、僕の冒険はまだ終わっていないような気がする。

そんな冒険の話から、この本を始めようと思う。


その頃、僕は福岡県糟屋《かすや》郡の新宮《しんぐう》という町に住んでいた。玄界灘がある海沿いの町だ。

僕が住んでいたのは、父の勤め先だった電電公社（現在のＮＴＴ）が建てた社宅。四十棟ほどの建物が建ち並んだ、とても大きな社宅群である。小さい時はそこから出ることなく生活ができたくらいだ。僕の中では一つの宇宙のようなイメージであった。

小学校に入る頃、実はその外にも世界があることを知るようになっていく。僕は同じ社宅のタカちゃんとよくいろんなところへ遊びに行った。小学校で同級生の友達ができてからは、いろんなところにそれぞれ特有の人間が住んでいることを知った。

社宅には中流階級の、しかも新宮とはあまり関係なく、父の転勤などで移動してきた人たちが暮らしていた。

僕の家からしばらく海の方へ歩いていくと、ドブ川があった。そこに架かっている橋を渡り踏切を越えると、松が両脇に植えられた通りへつながっている。さらに、しばらく行くと、アスファルトの道は次第に砂の道へと変化し、松林を抜けると、玄界灘が視界に飛びこんでくる。

海に向かわずに、ちょっと西にズレていくと、社宅の均質的な風景から一変、古い集落群がある。昔からある神社や祠《ほこら》などもあった。家族構成も核家族だけでなく、おばあちゃんやおじいちゃんと一緒に暮らしている同級生が多くいた。そこには車が入って来られない通りも多く、子どもたちが思い切り遊ぶには最高だった。

海を向いたまま、東の方角へのびる道を行くと、今度は綺麗に整備された住宅群が見えてくる。そこは積水ハウスの新興住宅地だった。一軒一軒がとても丁寧なつくりをしており、何よりも一戸建て、広い庭とレンガ塀。

当時好きだった女の子もそこに住んでいた。一度遊びに行ったことがあるのだが、もちろん一人部屋。吹き抜けのリビング。整備された芝生の庭。僕にとって当時一番の憧れの空間だった。

僕はこのように、友達によって住む場所が違い、しかも暮らしている人によって家の形状、家族構成が違い、同時に土地の匂いもなんとなく違うということをぼんやりと考えるようになった。

そんな中、玄界灘の海は土地の色なんか気にせず、いつも僕を受け入れてくれているように感じた。

だから海にいると気持ちが和んだ。

松林の中でぼうっとしていると、砂の中に蟻地獄がいて、自分でシェルターをつくって蟻を待っている。あっ、ここは蟻地獄の家なんだと思うと楽しくなった。

僕は自然な土地で昆虫がつくった家が一番好きだなと思った。

同時に、自分が住んでいる社宅のことがあまり好きにはなれなかった。

自分が本来暮らすべきところではないような気がしていた。

それでもそこには親友がいる。それはとても嬉しい。だから僕は自分が社宅に住んでいるのを受け入れようとした。住んでいる家なんかよりも、やっぱり一番自分にとって重要なのは人間だからだ。

そこで、タカちゃんといろいろ試行錯誤を繰り返し、工夫を積み重ね、二人でどんどん新しい遊びをゼロからつくり出していったのである。

まず行った遊びは、ホッピングという当時流行っていたバネで飛んだり跳ねたりできる竹馬のような遊具を使ったものだ。これを使って、いつも歩いている道や、原っぱや、アスファルト、飛び石なんかを飛び回るのである。

こうすることで、自分が納得できていない、完全にアスファルトに覆われてしまった均一な社宅という空間を、冒険の舞台にすることができた。

次に、僕はもっと広大な荒野へ旅に出たくなった。見たこともないところへ。とにかく遠くへ。

そこでどうしたか。

僕は自分を小さくすればいいんだと思いつく。『ミクロキッズ』という映画みたいに自分を豆粒ほどに小さくすれば、いつも遊んでいるこの空間だって無限大にも思える広大な世界に感じられるはずだ、と。

しかし、自分自身は小さくなることはできない。ここで普通、大人は自分の考えていることが妄想だと判断し、諦めて現実の世界に戻るが、子どもは違う。自分を小さくする方法を必死に考え始めるのである。

僕は雑誌『コロコロコミック』で連載されていた「プロゴルファー猿」のかなりアクロバティックなゴルフ場のイメージをそのまますっかり頂戴し、ゴルフゲームを社宅内の空間全体を使ってやってみることにした。さらに、ただゴルフをやっても僕の体は小さくならないので、ゴルフボールをビー玉に変えた。

すると、あら不思議。ビー玉から見た社宅の風景は、驚くほどに巨大な魔のゴルフコースのように見え、社宅の裏庭の芝生はフェアウェイに、集会所の裏に茫々《ぼうぼう》と生えている雑草群はラフになり、雨が降ってできた水たまりは池になり、小さな樹木の植栽は整備された木々の姿に見え始めたのだ。

何一つ造作を行うことなく、広大な空間を思考の転換一つでイリュージョンのようにつくり出すことができた。僕は少しずつ、嫌いな社宅をむしろ興味深い対象として見るようになっていった。

でも、まだ足りない。満足できない。ホッピングもビー玉ゴルフも思考の転換で行うことができたが、体が伴っていない。実際に「足がすくむ」ような恐怖を感じる冒険としては、今一つ物足りなかった。

海に遊びにいこうと思ったある日、社宅からのびている排水溝に目がいった。人がゆうに入ることができるくらいの大きさだ。コンクリート製の蓋《ふた》にまじって、たまに鉄製の格子の蓋がはめ込まれている。誰かが工事をするために入るのだろう。

僕はその蓋がすごく気になった。そこから中を覗いてみる。排水溝はそんなに水量がないらしい。子どもが入っても足首くらいしか浸からない水量だった。

そこでふと考えた。

この水はどこにいくのだろう?

もしかしたら、海につながっているのではないか。

僕とタカちゃんは思わず、懐中電灯を取りにそれぞれの家に帰った。そして長靴を履いて、鉄製の格子の蓋を開けて、中に入ったのである。その真っ暗なトンネルはずっと先までつながっていた。

興奮した僕たちは、そのまま排水溝を歩いていくことにした。

こうして冒険が始まった。今度は恐怖心が伴っている。恐怖と好奇心。二つの相反する感情で揺れ動き、心臓がどきどきと高鳴っている。これが冒険だ。僕はそう確信した。退屈な社宅の風景は一変し、こんな映画『グーニーズ』のような冒険が実はこの社宅にもひっそりと隠れていたのかと、発見したこと自体に、いつもの退屈な風景からの逸脱に、僕たちはさらに興奮していった。

排水溝には、ガガンボと子どもたちが呼んでいた大きな蚊のような恐ろしい虫が飛び交っていた。何も見えないので、暗闇に無数の恐ろしい動物たちが息を殺して待ち構えているような恐怖が襲ってくる。

もう無理だと思い、帰ろうとすると先に光が見えた。

そこはいつも海に行く途中に渡っていたドブ川であった。

いつもは橋の上から見ていたドブ川から、上を眺めた。まったく同じ空間のはずなのに、視点が変わるだけで世界が変わる。「変える」という行為は、何も社宅の風景をジャングルの世界に工事することではないのだ。

歩き方を変える。視点を変える。思考を変える。

それだけで世界は一変するのである。自分に無数の「生」の可能性があることを知る。

そして、僕たちはとうとう出口らしきところにたどり着いた。

その海は今までとまるで違う海だった。海も到達する道の違いで見せる姿を変える。

その時を境に、僕は社宅に住んでいる自分の環境が好きになった。

どんな退屈な世界に身を浸していても、冒険を見つけ出すことができるようになった。

何かを「変える」ことが革命なのではない。むしろ、革命がすでに起きていることを、思考の転換によって見つけ出すことができる。それは「変える」というよりも「拡げる」方法論である。生き方は無数にあるということを気付く技術。

それだけで「生」そのものの在り方を変えることができるのだ。

子どもの時のこのドブ川の冒険が、僕の今の思考の原点である。

第1章　そこにはすでに無限のレイヤーがある

1　路上生活者たちのレイヤーライフ

この家は寝室にすぎない！

隅田川沿いを歩いていると、そこにはブルーシートハウスが建ち並んでいた。二〇〇〇年。いまから十二年前のことである。早稲田の建築学科の四年生だった僕は、就職活動もせず、かといって設計事務所を立ち上げる気もなく、まったく夢がないお先真っ暗な状態で、でも何かないかと毎日外に出ては歩いて物色していた。

僕もその時は、彼らのことをただのホームレスだと思いこんでいた。でも何か気になった。僕が大学で学んでいるのも建築ならば、これらも建築であるはずだ。でも、それはあまりにも小さく、か弱い建築に見えた。可能性があるようには思えない。むしろ、どうにかして彼らを支援する必要があると思った。

そんな時、僕は一軒の家と出会った。一見、普通のブルーシートハウス。でも屋根に不思議なものが載っている。なんと小型のソーラーパネルだ。今までにないハイテクな家だったので思わずノックした。

家の中に入ったら、畳一枚分ぐらいの小さな家。しかも、オール電化！　寸法を測ったら、間口が９００ミリぴったりだった。とても丁寧なつくりをしている。

僕はこれだと思った。今まで見てきた建築の中で、一番自分が思っているものに近かった。都市を自然と捉え、東京の自然素材（ゴミ）をもちろん0円で転用し、自分の体に合わせて、自分の手で家を建てている。自分の体、生活にぴったりと合っているので、購入

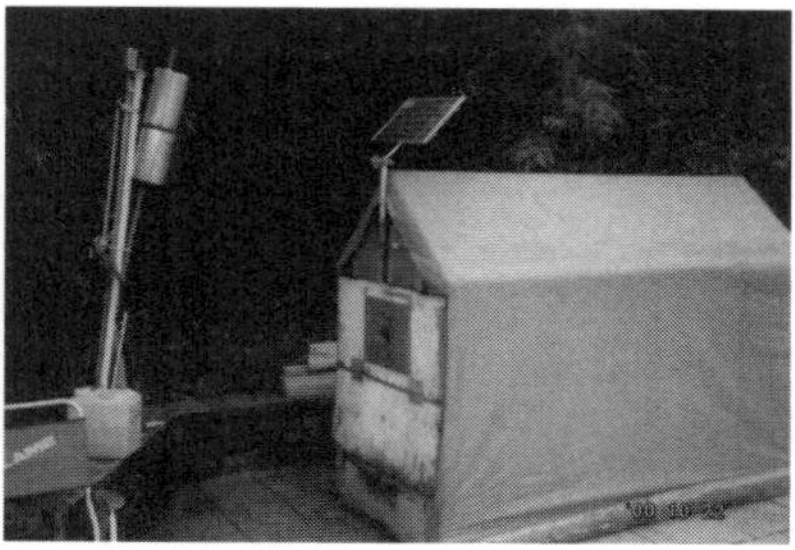

2000年に隅田川沿いで出会ったブルーシートハウス。屋根にソーラーパネルが載っている

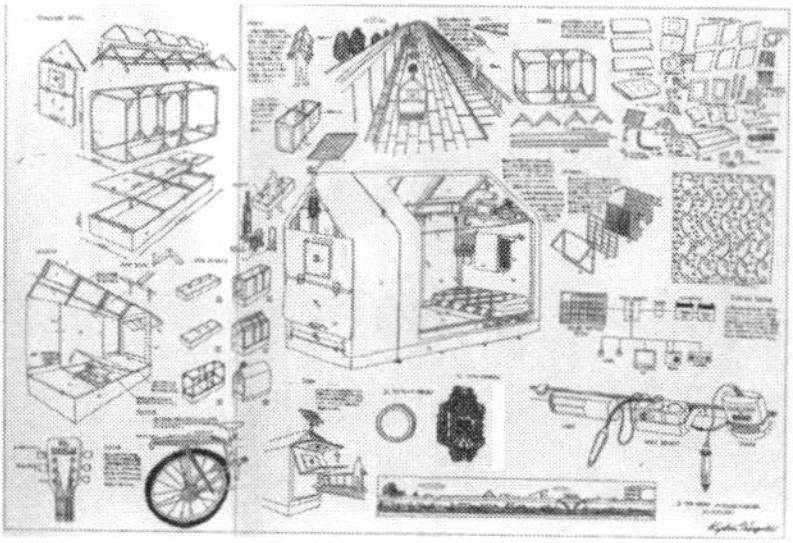

僕が鉛筆で描いた実測図

したり借りたりすることでしか手に入れることができない現代の家とは、家そのものの在り方が違う。

それがホームレスと呼ばれている人の家だったのだ。

話を聞くと、これはまぎれもなく「ホーム」だと理解した。同時に、僕は自分自身を、ただ家を借りているだけの借り暮らしのホームレスだと思った。

でも彼の家はとても小さい。とても人間の住む場所じゃないだろうと思えるくらい狭い。畳一枚より40センチ長いだけの空間。狭くて大変じゃないですかと聞くと、彼はこう言った。

「いや、この家は寝室にすぎないから」

僕は意味がわからなかった。すると、彼は説明を始めた。

晴れていれば、隣の隅田公園で本を読んだり、拾ってきた中学校の音楽の教科書を見ながらギターを弾いたりできる。トイレも水道も公園にあって使い放題。風呂は一週間に一度、近くの銭湯に行く。食事はスーパーマーケットの掃除をしたついでに肉や野菜をもらえる。だから、家は寝室ぐらいの大きさで十分だ——。

話を聞くたびに、僕の目から鱗が落ちていった。その後、ずっと僕が言語化していくことになる思考の萌芽がそこにはあった。

彼にとって、公園は居間とトイレと水場を兼ねたもの。図書館は本棚であり、スーパーは冷蔵庫みたいなもの。そして家が寝室。

それを僕は「一つ屋根の下の都市」と名付けた。家だけが居住空間なのではなく、彼が毎日を過ごす都市空間のすべてが、彼の頭の中でだけは大きな家なのだと。同じモノを見ていても、視点の角度を変えるだけでまったく別の意味を持つようになる。彼の家、生活の仕方、都市の捉え方には無数のレイヤー（層）が存在していたのだ。

彼が見ているレイヤーは普通の人が見ているレイヤーとは違うので、誰にも気付かれないし、誰からも奪われない。同時にそこを他の人が使っても文句がない。彼はこれまでの所有の概念とはまったく違った空間の使い方を実践しているのだ。それは、このごろよく言われている「シェア（共有）」とも違うような気がする。しかも、彼はそのような空間認識を生活そのものにまで浸透させていた。まさに「レイヤーライフ（層生活）」である。人類学者レヴィ＝ストロースが提唱した、あり合わせのものでやりくりするという意味の「ブリコラージュ」な所有とも言える。これは新しい家の在り方を考えるうえで、大きな手掛かりになるのではないかと直感した。

鈴木さんの浅草と僕の浅草

その後も僕は路上生活者たちの家を探索しつづけた。彼らの家は、商品化した家ではない。人間にとっての根源的な巣のようなものだった。もちろん総工費は0円。路上生活者たちの生活の在り方は、観察すればするほど、僕に多くの示唆を与えてくれた。

彼らは都市に捨てられた余剰物(＝ゴミ)を転用することで家を建てていた。僕たちはあらゆる材料は商品になっていると思いこんでいる。しかし、彼らは僕たちが気付いていないところに、いつでも収穫できる「自然」が存在していることを見つけたのだ。それが都市のゴミだった。

僕はそんな路上生活者たちが転用している余剰物のことを「都市の幸」と名付けた(詳しいことは『ゼロから始める都市型狩猟採集生活』という本に書いた)。同じものなのに、視点の角度によってまったく違う資源になっていく。これもまたレイヤー構造になっている。

僕にとってはただのゴミであっても、路上生活者にとっては大事な家の材料であったり、お金に換えられる資源であったりする。こうやって路上生活者たちの生活を俯瞰《ふかん》してみると、レイヤー構造が家についてだけでなく、彼らの生活全体を覆っていることが次第にわかってきた。

たとえば隅田川に暮らす鈴木さんと一緒に浅草という街を歩いていると、僕が知っている浅草とはまったく違う世界に見えてくる。ここの電器屋では毎週電池が拾える。ここの寿司屋は毎日シャリを綺麗に捨てる。ここの駐車場の横の植栽では「タラの芽」がとれる。ここの柿の葉っぱの新芽を天ぷらにすると美味しい……。

つまり鈴木さんはまったく別の地図を持っていた。まるで地質学者が既存の地図の上に等高線を引いたり、透明のシートを重ねてマッピングしたりするように、僕の浅草と鈴木さんの浅草はまるで違うものだったのだ。

佐々木さんの哲学

もう一人の路上生活者、佐々木さんの浅草もまた違うものだった。佐々木さんは金《きん》やプラチナをゴミ袋から探し出すトレジャーハンターだ。なんと毎月50万円相当もの貴金属を獲得する。流行というレイヤーで貴金属のジュエリーを購入している女性は、これが実は鉱物であるという認識が薄く簡単に捨ててしまう。それを佐々木さんはゴールドラッシュ時の西部の男のように拾い集めているのだ。

佐々木さんの信条は、「お金を払うことが大嫌い」。だから、極力くだらないお金を使わないように工夫し、同時にみんなが捨てるゴミを視点を変えて財産にすることを考えている。

彼は以前、家を借りたことがある。というよりも、人の家に転がりこんだ。そうしたら家主から、家賃はいらないから、そのかわり光熱費・水道代は払えと言われた。でもお金を払うことが嫌いな佐々木さんは、バッテリーを家に持ち込んで電気を使っていた。

佐々木さんはバッテリー使いのプロである。いつもリアカーにバッテリーを積み込んでは路上に落ちている電化製品が使えるかどうかを調べて、使えたら拾ってリサイクルセンターに売る仕事をやっていた。だから冷蔵庫でも洗濯機でもなんでもバッテリー一つで動かすことができる。

水は公園から汲んでくる。つまり、家は普通の部屋を借りているにもかかわらず、電気はバッテリー、水は公園のものを汲んできて、光熱費、水道代0円で暮らしていた。まあ面倒くさいところもあるけれど、とにかくそれがおもしろかったらしい。

「おもしろいことはお金がかからない」

佐々木さんの哲学はそういうものだった。

これもこれからの僕たちの生活にとって、有用性のある考え方だと思う。家なんかただの箱でいい。インフラは家とは分けて、それぞれ調達する。それだけでお金はかからないし、環境にも負荷をかけないし、電力会社の言いなりにもならず、しかもおもしろい。面倒くさいと思ってしまうこと、に勝つには、お金が儲かって、かつおもしろければよい。

賢い佐々木さんは浅草界隈では有名な貴金属拾いになり、今ではホテル住まいである。ソープランドにも定期的に通っている。ある意味でとても充足した生活である。このように思考している人間というのは、図らずも社会システムの中では「金持ち」になってしまう。お金がないがために思考することは、逆説的でもあるが「儲け」になる。

元手なしで50万円を稼いでいく佐々木さんからすると、今の社会に蔓延しているくだらない不安など何一つない。

「路上生活になってもどうなっても、おもしろいことを知っているだけで生き方は変わるのにね。みんな、何やっているんだろう？」とは佐々木さんの弁である。

単純に考える

佐々木さんみたいな生活があり得ないと思いこんでしまう僕たちは、相当頭がいかれてしまっていると思う。なんで生活にお金が――水にお金が、火にお金が、食べ物にお金が――かかると思っているのか。何も考えずに、僕たちはただの馬鹿になってしまっているのではないか。たちが悪いことに、不安がエキスになっている。

ちゃんと共同体として集まって協力しあえば、生活費が0円で済む生活なんて簡単にできてしまうのではないか？　０円ハウスの住人たちの生活ぶりを見ながら、僕はそう考えこんでしまった。それはそんなに難しいことなのか？

そして、仕事というのは、かりにそういうお金がかからない生活ができたとして、それでもずっと続けていたいと思うようなことをやるべきだ。暮らしにこれだけお金がかかるからという理由でやりたくもない仕事をしている人は、佐々木さんによると「馬鹿」らしい。つまり「考えてない」。

こういうことを言うと、お前は勤めたことがないからわからないんだ、会社というのは休んだりしたら大変なことになるんだと批判される。あるいは、じゃあ、どうやって社会は成熟していくんだ、経済はどうするんだ、とも言われる。路上生活が成り立つのは、普通の生活をしているその他大勢の人がいるからではないか、とかなんとか。

それで気が付いたら、ストライキも行えないような、ほとんど奴隷制のような社会になってしまっている。でも、誰もそれを不思議と思わない。他のレイヤーライフがあるとも考えない。これが現実だ。

でも、それは、みんなが借金を返済したら銀行が潰れるのと同じような構造だと思う。僕はそれを「借金思考」と呼んでいる。借金することが働くための良いきっかけになるという発想である。

35年ローンを組んで、大きな借金を背負って、おかげで働かなきゃいけなくて、それによって会社・銀行がちゃんと運営できて、「万歳、経済発展！」というのはどこかおかしいような気がする。そんな単純な話じゃないんだよと人は僕に言うのだが、ではどのような複雑なシステムなんですかと聞いても、誰も答えてくれない。つまり、わかっていないのだ。

わからないことは、考えて答えを出さなくてはいけない。簡単なことだ。

もっと物事を単純に考える癖を身につけよう。そうしないと社会の複雑さには対応できない。

思考が空間を生み出す

経済については後で考えるとして、レイヤーの話に戻そう。

それぞれの人が認識している浅草がそれぞれ違う。当たり前の話じゃないかと思うかもしれないけれど、人はなかなかこれを常日頃認識できない。路上生活というまったく別の生活圏の人間をフィールドワークすることによって、それが眼前に現れた。それを僕はレイヤーと呼んだ。

これまで、人間はこの一つの地球という空間の中で領土を拡げようと試みてきた。あらゆる戦争、いがみ合いの原因はここにある。日本という国の中でも、お金を獲得して自らの土地を増やす、所有を増やすという行為がすべての経済活動、生活のもとにあった。しかし、路上生活者たちは違った。

僕がいた建築の世界もそうだ。私的所有することができた土地を、建築物で囲っていく。そうすることが空間をつくり上げることだとしていた。しかし、それは本当なのか。僕はそうは思わない。なぜなら、どんなに壁をつくって自らの領土に建築物をつくったとしても、空間は増えないからだ。むしろ減る。

それに対して、路上生活者たちの空間の捉え方は違った。もともと自分の土地というような私的所有を断念せざるをえない状況で生きているので、実際に買うことができない。そこで、彼らは自分たちのレイヤーをつくることにしたのだ。日本に住むみんなが当たり前と思いこんでしまっている「匿名化」した社会システムとは別のレイヤーを。

路上生活者たちはマジシャンではない。ただ思考しているのである。建築では空間を生み出せないけど、思考では生み出すことができる。

レイヤーライフが創造にも転化することを教えてくれたのは、鈴木さんの家の玄関だった。この玄関は、ドアを閉め、ブルーシートを閉じて、沸かしたお湯をプラスチックのケースに入れるとお風呂になる。さらにドアを開くと、裏側には包丁が入っており、台所にも早変わり。玄関のどこに自分が立つかによって、一つの空間の用途が変幻する。

つまり、レイヤーを使うことによって、空間がどんどん増えていくのである。これまでの建築の「一つの空間をどうやって壁で埋めていくか」という考え方とはまったく正反対の方法だ。壁など必要ない。人間には見えない空間を次々とつくり出す能力がもともと備わっているのだ。

僕が言うレイヤーとは新しい技術ではない。それは太古からの力だ。

多摩川の大ちゃんの発見

もう一人、興味深い路上生活者を紹介しよう。僕の親友で大ちゃんという。もっとも、彼のことをホームレスと言うと怒る。なぜなら、彼は別に不法占拠しているわけではなく、家も持っているからである。

大ちゃんの家は多摩川沿いの土手と道路の間にある。彼はずっとその土地のことが気になっていた。草が茫々と生え続けていたからである。彼は几帳面な人で、この状態がどうも落ち着かなかった。その土地はどうせ区か国のものだろう、早く誰か刈り取ればいいのに、と思っても誰も何もしない。

大ちゃん、ますます落ち着かない。そこで草を刈り始めた。もうこれは奉仕活動である。町が綺麗に見えるようにと。橋の下に住んでいた路上生活者であるはずの大ちゃんは、もうこの時から別レイヤーで暮らしていたのだろう。もちろんおかげでその土地は綺麗になる。さらに大ちゃんはその土地を見ている。綺麗に草の刈られた土地を。

それは誰かの土地なのだろうが、大ちゃんにとっては、自分が草を刈ったものだから友達みたいに思えてくる。そうすると、土地の見え方が変わってきた。彼はその土地が本当に放置されているのではないかと、もしかして捨て子なんじゃないかと、段ボール箱に捨てられた子猫を見るように思った。

やがて、この土地は実は誰も所有していないのではないかといぶかしむようになった。それは隙間を見つけたというようなノリではない。むしろ捨て猫を拾う感覚だ。法務局に行って公図を取り寄せ、所有者を探した。まわりに聞き込みもした。そして、どうやらこの土地には所有者がいない、という結論にたどりついた。

その後、大ちゃんがくわしく調べてみると、その昔、国と大田区とこの土地の目の前にある神社の三者で土地の取り合いになり、最終的に誰のものともすることができず、放置されてきたことがわかった。なんと、日本の中に誰のものでもない土地を見つけてしまったのである。

捨て猫は置いていけない性格の大ちゃんは、そこに住み出した。それからもう八年が経つ。今では、この土地は大ちゃん以外には育てられない土地になっている。しかも、大ちゃんはこの土地を我が子のように育てているので、誰も何も言って来ない。

大ちゃんの土地との付き合い方を見て、この日本には飼い主不明のまま放置された捨て猫のような土地があることを知った僕は、それならば自分も捨て猫を保護しなくてはと街を歩いて探すことにした。

どうせならやっぱり日本で一番地価が高いところだ。僕はまっすぐ銀座四丁目に向かった。場所は三原橋。そこに前からちょっとだけ気になっている土地があったのだ。

三原橋の四つ角には、それぞれ三角の形をした土地がある。なんだか国の持ち物のような風貌の土地だ。でも、店の看板やら、広告が立っている。どうやら営利目的で利用されている。それがまず不自然なのだが、さらに不自然な風景がそこにはあった。

四つ角の一つにだけは、何も立っていないのだ。他の土地にはうるさいほど立っているのに、である。そこで、僕はその土地を調べた。すると、どうやら国と東京都の間で所有権が揺れて、放置されていることがわかった。そんなことは東京都建設局に行っても全然教えてくれない。三原橋の地下商店街で居酒屋をやっている「三原」のマスターがその謎を調べていて、僕に教えてくれたのだ。

こうして僕も、大ちゃんと同じように自分の領土を獲得してしまった。しかも銀座の四丁目に。

法律が多層なレイヤーをすり合わせる

インフラなどの安定しているように見える社会システムは、みんなが暮らしやすいように、「ゼロ思考」でも対応できるようなレイヤーである。匿名化したレイヤーと言ってもいい。そこには「思考」がないから「疑問」もない。それは真実かもしれない。でも、数ある真実のうちの一つにすぎない。そこに疑問を持つ。

僕が出会ってきた思考する路上生活者たちがまず考えたのは、「お金がないと本当に人間は生きていけないのか」ということだった。こういう時、手がかりになるのは何か。多層なレイヤーを取りまとめているもの。その一つは意外に思われるかもしれないけれど、法律なのだ。

一見、法律はザ・社会システムの最たるものに見える。でも、匿名化した社会システムのレイヤーと法律はイコールではない。

なぜか？　社会システムのレイヤー、僕たちが勝手にそこに位置していると勘違いしている匿名化したレイヤーというのは、実は実体がないものだ。それは路上生活者たちのレイヤーと何ら変わらない。そういう視点を持っているというだけなのである。幻想とも言える。

しかし法律は違う。法律は明文化されていて、誰もが触れることができる。土地も建築物もそうだ。これらは社会システムのレイヤーとは実は違う場所にある。しかも、これらの具体的なモノはレイヤー化されることがない。だって、浅草という街は一つしかこの世にないのだから。しかし、そこに人間の意識を投入すると、僕の浅草であり、鈴木さんの浅草であり、佐々木さんの浅草が生まれてくる。

つまり、法律も、法律そのものは変化しないが、それを捉える人間の意識で大いに変化してくるわけだ。だから判決が変わってくる。司法というのはその多層なレイヤーをすり合わせる場所なのだ。行政なども本来はそういうものだと思う。

そこで法律を読んでみる。「生きていけないのか?」だから生存権である。どうなっているか。

憲法第25条　すべて国民は、健康で文化的な最低限度の生活を営む権利を有する。

やっぱりお金がなくても生きていく権利はあるらしい。

でも、お金がないから家は借りられない。僕たちは家が借りられないなら住むところがないと思っている。でも、本当にそうか。土地さえあればどこにでも住むことができるはずだ。でも、私有地は持っていない。それなら、どこか。単純に国有地だと。国民の土地なので、ここだったらアリである。

そこで、多くの人が国有地である一級河川に行った。ここの河川敷は私有地のところ以外は国有地。ということで、そこに小屋をつくって暮らすことにした。

でも、河川敷には河川法という法律がある。

河川法第26条　河川区域内の土地において工作物を新築し、改築し、又は除却しようとする者は、河川管理者の許可を受けなければならない。

許可を受けなければ罰則もある。ただ、法律にはヒエラルキーがあって、憲法の生存権のほうが強い。だから、河川法の規定は適用されない可能性が高い。というわけで、河川敷に暮らす0円ハウスの住人たちは、今も追い出されることなく暮らしている。

国有地に勝手に植えたビワは誰のものか

おもしろいのは、行政側もこの法律の多層性に気付いているということだ。だから強制的には追い出せない。生存権を脅かすことになるからだ。

具体例を出してみよう。多摩川六郷《ろくごう》土手付近の河川敷に暮らす多摩川のロビンソン・クルーソーこと船越さんは、河川敷に建つ自宅前にビワの木を植えている。そこに立て看板もあるのだが、その文面がおもしろいのだ。

「このビワの木は私有物です。勝手に採らないで下さい。もし勝手に採った人がいれば窃盗罪で訴えます」

これが普通の家のビワの木だったら当たり前の看板だと思うが、ここは多摩川なのである。国有地なのである。しかも路上生活者と呼ばれる船越さんが勝手に河川敷に住みつき、勝手に植えたビワの木である。なにかちょっと勝手だなと思われなかっただろうか。何を言っているのだ。国有地を勝手に私有地化するな、と。

そこで船越さんに質問してみた。

「船越さんがここに住んでいるのは違法ではないんですか?」

「違法だよ。河川法の違反。罰則もある」

「そんな人が植えたビワを採っても違法ではないような気がするんですが」

「なに言っているんだい。それとこれとは別なんだよ。国有地の河川敷だろうがなんだろうが、その人がこれは自分のものだと訴えたら自分のものなんだよ。河川法に違反しようが、ビワを植えたことは守られる。国有地だろうがこれは私が植えたものだから私有物。それを採ったら、当然、窃盗罪で訴えることができる」

僕は自治体がやっている無料法律相談に電話して、弁護士にも聞いてみた。すると、船越さんの考え方が一番真っ当ですという答えが返ってきた。

さらに、船越さんはこう言った。

「そもそも私は生存権を訴えているから、河川法ですらも訴えることができないと思うよ。だから二十年間もここに住むことができているんだから。一体、土地を誰のものだと思っているんだよ。誰のものでもないんだよ。だから人がそれぞれ分かち合って生きていけばいいんだ。しかも、それを行政もわかっているんだ、本当は。だから私は追い出されていない」

法律というものはとても興味深い。それを船越さんは熟知している。これも生きのびるための技術と言えるだろう。所有の概念にも実は無数のレイヤーがあるのだ。

このようにレイヤーという考え方は、入れ子構造になって、うまく使えば匿名化したシステムに取り込まれずに済むことが可能になる。

支点にあるのは、法律や土地や都市といった目に見える具体的なモノ。問題は、それらをどのようなレイヤーで捉えて暮らしていくかだ。路上生活者たちの生活を見て、僕はレイヤーライフの可能性を感じた。

だから、僕は言うのだ。社会システムや法律や土地所有や建築や都市計画を変えようとするな、と。

何かを変えようとする行動は、もうすでに自分が匿名化したレイヤーに取り込まれていることを意味する。そうではなく、既存のモノに含まれている多層なレイヤーを認識し、拡げるのだ。

チェンジじゃなくてエクスパンド。それがレイヤー革命だ。

2　家に車輪をつけてみる――モバイルハウス

僕たちは何も考えていない

東日本大震災が起きた二〇一一年三月十一日の以前から、路上生活者たちは、僕たちよりも一足早く社会的に大変な環境にさらされていた。仕事を失い、お金がなく、住むところがなくなってしまったのだ。しかも、誰も助けてくれない。そこで必然的にサバイバルを試みざるを得なかった。そういう意味では彼らは僕らの先輩であり、師匠である。

路上生活者、野宿者の状況、自殺者の数からして、この日本では東日本大震災のはるか以前から絶望にさらされていた。しかし、人間は自分たちの身に迫ってこない限り、この絶望を感じることができないようだ。僕が「路上生活者たちはこれからの時代をサバイブするうえでの生きたテキストだ」と伝えても、ほとんど聞く耳をもたれなかった。人間とはそういうものである。困っていないから施す。恵む。しかし、僕はそれは違うと思っていた。もうすでに僕たちは絶望的な社会、政府のもとで生きていたのだ。

政治が悪い、社会環境が悪いと僕たちは文句を言っているが、その一方で別にまだ生きるか死ぬかの問題でもないと思っているので、積極的には何も変えようとしない。しかし、路上生活者にとってお金がなく、家がない状態というのは命に直結する問題である。そんな時、政治や行政に文句を言って何とかなるのか。どこかの機関が何かをやってくれるだろうか。

悲しいことだが、もちろん何もやってくれない。つまり、政治や行政というのは命を助けてくれる機関ではない。まあ、そんなことはわかりきっていることだ。匿名化されたシステムなので、そこに人間の感情というものは期待できない。命にかかわる対応は「感情」がないとできないのである。

それでも自分が死ぬわけではないので、僕たちはあれこれ文句を言いながら、実際は黙っている。しかし、路上生活者たちはそれでは生きていけないので、自動的に自分で考えることを始める。僕は彼らの「考える」という行為を見ていて、どうやら僕たちは何も「考えていない」ということを知った。匿名化したシステムの内側にいるかぎり、考える必要がないのだ。

「考える」とは何か。

これはつまり「どう生きのびるか」の対策を練るということである。「生きるとはどういうことか」を内省し、外部の環境を把握し、考察することである。匿名化したシステムではこの「考える」という行為が削除される。考えなくても生きていけると思わせておいて、実は考えを削除されている。

路上生活者たちは単純に「生きるとは何か」について考えた。それは今では哲学と呼ばれているようなことかもしれない。しかし、彼らは匿名化し、安定したシステムの上にはいないので、抽象的な「生きるとは?」という問い以外に、具体的な「どうやって生きのびるか」という野生の思考も求められた。

鈴木さんの哲学

ふたたび、路上歴十二年になる隅田川に住む鈴木さんを取り上げてみよう。

彼にとって「生きる」とは、「十分な食事をし、楽しい友人と過ごし、毎日酒を飲み、歌いたい時に歌う」ことである。こうして彼はゼロから自分の「生」を組み立て始めた。社会システムはゼロからつくれない。しかし自分の「生」は可能なのだ。

彼はまず、住む場所を探すことにした。人間には暮らしていくための「場所」が必要だ。家よりも「場所」である。その場所に屋根がかかっていれば家なんて必要ない。そこで浅草の言問橋《ことといばし》に行った。橋の下であれば屋根がかかっている。寒ければ段ボールを使って壁をつくればもうそれが住処《すみか》になる。

しかし、その橋の下は隅田公園の敷地内であった。つまりそこは台東区の敷地になる。警察というものは、それぞれ区を担当している。鈴木さんは警察官に、もしもそこにずっといると取り締まらなくてはいけなくなるかもしれない、それは嫌だから、どっかに移動してくれと言われた。突然、住む場所を失う。

「生きる」ためには「場所」が必要だ。しかし、その「場所」は法律で区分されているらしい。公園という敷地は区のものでそこには警察が存在し、取り締まっている。すると、警察官は鈴木さんにポロッと「河川敷に行け、そこは区の管轄じゃないから警察は入れない」と言ったのだ。

同じ敷地に見えて、公園とその横の隅田川河川敷のあいだには実は線が引かれていて持ち主が違うらしい。隅田川は東京都が管理していることがわかった。東京都の土地には警察官は入って来られないらしい。なるほどと鈴木さんは土地の色分けを知り、淡々と隅田川沿いの遊歩道の隅に家を建てて住み始めた。

僕が思う「哲学」というものは、この隅田公園と隅田川河川敷が実は違う管轄で、それによって警察の動き方や行政の動き方が変わることを理解し、自分の暮らす場所を獲得するという行為そのものである。彼は匿名化していた「土地」を名のある大地として再認識した。つまり、レイヤー間をジャンプし、サバイブすることに成功したのだ。

その「考える」行為。匿名化した社会システムレイヤーの裂け目、空間のほつれを認識し、そこに多層なレイヤーが存在していることを知覚し、ジャンプし、独自のレイヤーを作成する行為。

これが「生きる」である。

具体的に、高い解像度をもって空間に接し、生きのびる。これから必要になっていくこの技術を、路上生活者たちは実践していたのだ。

「感情」と出会う

独自のレイヤー上に見つけた「場所」が安全であることを確認した鈴木さんは、次に「家」を建てようと試みる。家はこれまでの匿名化したシステムでは購入するものだと考えられてきた。しかし、鈴木さんはお金を持っていない。材料を獲得するにはどうしたらよいかを考えながら町を歩いてみた。

この時、お金がないという欠如が動因になって、鈴木さんの町を見る目は拡張していた。僕たちが必ず見落としてしまう「ゴミ」という余剰物レイヤーすら、彼には材料獲得のためのハンティングワールドになっていた。そして、彼はゴミだけで家が建てられることを知り、実践に移す。余剰物だけが現代では0円なのだ。

隅田川での花火大会などではあらゆるものが捨てられる。ブルーシートも大きなものが手に入る。しかし、それは同時にゴミとして市民が勝手に捨てていったものである。鈴木さんは捨て続ける人間に対して、何をやっているのかと憤り、同時に材料が拾えて嬉しいという不思議な「感情」の中で採集を続けた。

匿名化したレイヤーでは、モノは「商品」になり等価の貨幣とだけ交換される。そこには感情はなく、みんなの無意識、そういうものだという匿名の知覚だけで取引される。そこには人間の感情が入る隙間はない。しかし、そこから抜け出て、世界が多層なレイヤー構造を持っていることに気付くと「感情」と出会う。

人間の「勘」という領域もレイヤー間ではとても有効になってくる。人間の持っている感情や勘など言語化不能の感覚が、生き生きとしてくる。生きるとは何かを具体的に考えるという行為は、まさにこの野生の思考を立体的に浮かび上がらせることにつながってくる。それは大都市でも可能な、人間の自然な営みである。

こうして独自のレイヤー上に見つけた住む「場所」に、余剰物レイヤーを「材料」にして彼の「家」ができあがった。その構造は動物の「巣」と何も変わらない、都市を「自然」レイヤーで見た建築である。総工費0円。土地代も0円。東京・浅草に建ったバナキュラー（風土的）な自然建築と言えるのだ。

彼が拾ってきたものは単純な商品ではなく「感情」が入り込んだ自然物なので、彼の態度と連結する。鈴木さんは、これら集めてきたゴミを使って、自分の家だけでなく、人の家もどんどん建ててあげた。そこに損得という概念はなく、むしろこのゴミが活躍する場を拡げてあげたいという希望がある。これが人間関係というものだ。

知らないうちに鈴木さんのまわりには巨大なコミュニティが形成されて、そこにはありとあらゆるゴミが集まり、欲しいものはみんな手に入るようになっていった。しかも1円も払わずに。最終的にはカラオケセットまで備えられ、サラリーマンや中国人留学生などまでそのコミュニティにはいた。その場は贈与と技術で満ちていた。

文句を言っても仕方がない

電気のシステムもゼロから考え出された。100ボルト電源のないところでどうやって電気をつくるか。毎日見ていたガソリンスタンドの廃棄バッテリーをもらってきて図書館で電気の本を読み12ボルト方式を考え出す。こうすれば、インフラと付き合わなくても電気が使える。独自のインフラレイヤーまで構築した。

僕はこうした彼の行動を見ながら、政治や行政に文句を言っても仕方がないと思った。これらの機関が命のことを軽んじていることは、路上生活者への対応を見ていれば理解できる。そもそもの憲法などハナから無視してしまっている。それはもう、どうしようもなく故障した機械なので何を言っても無駄なのだ。

僕は鈴木さんの「生きのびる方法」を見ながら、システムはゼロからつくり上げることはできないが、独自の「政治的行動」はゼロからつくり上げることが可能であると感じた。彼の家を獲得する行為は、完全な政治的行動である。そしてそれは同時に哲学でもある。僕はそれが「生きる」ことであると思う。

僕たちが「考える」ことを拒否するから、政治や行政は暴走するのである。故障するのである。それに気付いても止めることができず「命」を疎《おろそ》かにするのである。それじゃあ、僕たちも路上生活者にならって、自分たちの「思考」を開始してみようではないか。

そこで僕が考えたのが、次にお話しするモバイルハウスだ。それは路上生活者たちから僕が学んだことを体現したものである。

モバイルハウスという名の動く家

僕は今の、自動的に家賃を徴収することができる住宅環境、同じく自動的に接続されているインフラシステムとは違う暮らす「場所」、そして「家」の在り方を見つけてみたいと考えた。それはこれまでの路上生活者たちの生態を調査していた仕事から、もう一歩進んで、実際に社会の幅を拡げる試みであった。

「なぜ人は家賃を払わないと生きていけないのか」

僕はこれが疑問であった。しかし、この質問を誰に投げかけても、どうやらこれを不思議と思う人はほとんどいないようだった。家賃は払い、家は買うのが当たり前なのである。しかし、僕たちの横の河川敷のおじさんたちは、家を0円で建て、土地代なんか払っていない。そういう事実があるのに、どうやら僕たちは家賃を払うことに疑問がない。それがとても不思議だった。

僕は家賃を払わなくてはいけないということ自体は問題ないと思っている。しかし、そういうところにしか生きることができないという現行の住宅システムは生存権を脅かしていると感じている。つまり、違法だと思っている。すべての人間に住む機会を与えないといけない。国家はそうするべきである。

それでも文句ばっかり言っていても仕方がない。僕たちは生きるために具体的に行動していくしか方法はないのだ。

そこでまずは家の概念を、僕たちが普段付き合っているような自動的家賃徴収型の家ではなく、むしろ鈴木さんに近いものにしようと考えた。鈴木さんの家は、土地と定着していないので法律上は「家」じゃない。でも感情的にはもちろん「家」だ。その視点で家を建ててみる。

鈴木さんの家は「家じゃない家」。つまり、土地と定着していない家、動く家なのだ。

土地と定着していない動く家は、実際に日本にある建築基準法を読むと、家ではないとなっている。免許がなくても建てられるし、固定資産税もかからない。法律で家と思われていない自由の家だ。

ということで、リアカーの車輪を四つ付けた。たったこれだけのことでモバイルハウスは家ではなく車両扱いになる。しかも総工費は3万円を切ったので、固定資産税もかからない。広さは三畳間、太陽光発電でiPadやiPhoneも使えるオール自家発電化の家が簡単にできてしまった。

次に問題になるのは、モバイルハウスを置く「場所」だ。すべての土地は実は色付けされている。それは鈴木さんの家を見て学んだ。宅地に建てるから住宅になってしまい、高いし融通がきかない。そこで建てる場所を拡大解釈する。

東京・吉祥寺の駐車場に停めた初代モバイルハウス。ピザ屋の出前もOKだった

モバイルハウスは法律上で捉えると「車両」である。車両は農地だろうが駐車場だろうがどこでも置ける。そして、東京には駐車場がたくさんある。でもそんなものを駐車場に置かせてくれる大家さんがいるのか。お願いしてみたら、三軒目で快くオッケーをもらえた。駐車場に家のような「車」を置くのは大家さんの勝手なので、大家さんに理解があれば問題ない。でも、一つ質問を受けた。

「この車両に住んだりしないですよね？」

僕は即答で「はい」と返事をした。そうしないと借りられないからである。しかし、嘘をつくのはまずい。実際にはそこに住むからだ。しかし、住むとは何だろうか。

そこでまた法律を紐解いてみる。そして驚いた。

この国には「住むとは何か」を規定する法律が実は一つもないのである。

水道を引けば住むなのか、仮眠をとったら住むなのか、食事をしたら住むなのか。何も決まっていない。つまり、この国には税金をとることができる「家」はあるが、「住まい」は存在していない。逆にとれば、住まいは自分の思い通りにやれるということでもある。

日本において「住まい」は自由だ。思い通りに暮らせばいい。本当は素晴らしい国なのかもしれない。

安い、簡単、建て直せる

僕が初めてつくったモバイルハウスは正確に言えば2万6000円でできた。デザインは自分で好きにやればいい。車輪を付けさえすればいいのだ。小さい建築なので、素人でも誰でも設計できる。

今、この社会で突然、貨幣経済をストップさせることはできない。路上生活者だって、貨幣経済から完全には抜け出ていない。中にはすべてとおさらばした猛者《もさ》もいるのだが、まだそれは現実的ではないだろう。でも、依存を減らす。モバイルハウスはそのための技術になる。

だって、家を持つのに2万6000円しかかからなかったら、誰もがむしゃらに会社で働かなくていいことになるでしょう？　しかもこれをたとえば一区画（熊本では15㎡）年間5000円の市民農園として貸し出されている土地に置けば、家賃は月400円！　当然、労働の意味も変わってくるはずだ。しかも、家を移動することだって自由にできてしまう。（3・11の後、僕はモバイルハウスを吉祥寺から熊本まで5万円で2トントラックに載せて配送した。）

二〇一二年二月には神奈川芸術劇場で展示するためのモバイルハウスを三軒同時につくった。三軒分の設計にかかったのは三時間。そんなものなのだ。

モバイルハウス第一号と違って、こんどはデザインも凝っている。フィリップ・ジョンソンという建築家ばりのガラス張りの家「MOBILE GLASS HOUSE」。僕が取材してきた東京の素人庭師による狭小庭園を住宅化した「4D GARDEN HOUSE」。そして二階建ての「WINDOW HOUSE」。こんな楽しそうな三軒が本当に簡単にできてしまう。設計なんて定規もいらない。ちゃちゃっとフリーハンドの線で大体の予想をたてればいい。

MOBILE GLASS HOUSE

4D GARDEN HOUSE

WINDOW HOUSE

別に僕は専門家でも何でもない。無免許で建築家と言い放っているいいかげんな人間だ。それでもモバイルハウスは免許不要なので、誰でもつくれる。しかも安い。この三軒はいろいろと手が込んでいるけれど、それでも一軒につき7~8万円といったところだ。これを見れば、何千万円という家がちょっとおかしいことぐらいは気付けるはず。30万円くらいかければ誰でも十分な広さのしっかりとした家が手に入るだろう。

家というのは本来、安い、簡単、壊れても建て直せるという三拍子揃った、生きるために必要な相棒なのだ。

3　二〇一一年三月十一日

どん底に落ちたら

モバイルハウスを建てることで、僕は自分でゼロから生活をつくることはそんなに難しいことではないと思うようになっていった。何を知ったのかと言えば、人はいろんなことを思いつくことはできるが、ほとんどの人がそれを試していないということだ。

モバイルハウスだって考え方自体は、一九六〇年代ぐらいからあった。さらに言えば、それこそ鴨長明は鎌倉時代に移動式のモバイル方丈庵をつくっていたのだ。そして、彼もまた、高いお金を払って労働を強制され、家を手に入れようとする人間たちを諦めの目で眺めていた。家なんか、買うものじゃない。自分で建てたほうが効率的で、しかも丈夫なんだと自分の身でしっかりと体験して知っていたのだ。

つまり、人は「試す」ということをしない。すぐに思いこむ。

しかし、試してみれば、何千万円もかけないと手に入れることができないと思っていた家は、小さいものでよければほんの3万円もあれば獲得できる。しかも、そうやって建てた家も、日本の中では土地を買わないと置けないと思っていたが、どうやら空き地は一杯あるし、東京だって空き地はほとんど駐車場になっているので、誰も使わないよりは、使ってもらったほうがいいと思っている人も少なからずいて、どう見てもそこに住むだろうと予想されるようなモバイルハウスでも、手作りのキャンピングカーと言えば、借りられるのである。

なぜ人は試さないのだろう。

むしろそんな疑問が沸々と湧いてきた。そして、同時に僕がこれまで会ってきた路上生活者たちが、どんな状況になっても絶対に飢え死にすることはないという確信を持っている理由を身をもって体感した。

試せば試すほど、人間はどんどん智慧を身につけていく。そして恐怖心が和らいでいき、どんな困難な状態であろうと淡々と生きていくことができるようになる。

なぜなら試すことで「知った」からである。

自らの生活に必要な「量」を。不安ではなく恐怖の実体を。つまり、生きるとは何かを。

自分でゼロから考えてやれば、どんなことだってできる。しかも、実は社会システムですらもそれを許容してくれるように設計されているのである。ただそこで生きる人間たちが勘違いしているだけなのだ。なにもできない、と。お金がないと死んでしまう、と。

でも、それはちゃんと路上生活者たちが実践していた。彼らはお金とは違う経路で、土地を、家を、畑を持っていた。保険のない生き方。貯金のない生き方。でも不安のない生き方。相互扶助の生態系を。

彼らから学んだことはもっとどんどん社会で実践すればいいんだ。文句を言われたら、どこから問題でどこまで許容されるかがわかる。お金なんかなくても、ないままで楽しく生きられる方法がもうすでに実現しているのだから、なんでもできるんじゃないかと思った。モバイルハウスはそれであっさり実現した。

日常の薄皮をほんの一枚剝《は》いでみれば、もっとおもしろいことがいっぱいある。絶望している状態でだって、それは見つけられるということを僕は鈴木さんに学んだ。泣いていても、悔しくても、絶望しても、死にそうになってもまだやる。そこに笑える世界がある。養老孟司さんはこんなどこかの国の諺《ことわざ》を教えてくれた。

「どん底に落ちたら……底を掘れ！」

東日本大震災

モバイルハウスを建てながら、こうやってそれぞれがまずは小さい家から始めて、小さな太陽光発電ですべての電気をつくったりしたらおもしろいなと思っていた矢先、友人が中国電力による上関《かみのせき》原発（山口県）の強行工事開始に抗議するためにデモに行くという。僕も現場を見てみようと思ってついて行った。

それが二〇一一年二月下旬のことだった。

現場では、何も知らずに広島県から派遣されてきたガードマンが、原発建設予定地の対岸に位置する祝島《いわいしま》の老女たちの叫びを制止しながら、涙を流していた。

これは何かがおかしい。原発を建てる建てないという問題の以前に、労働の在り方としてどうかしている。危惧を覚えた僕は、東京に戻るやすぐに原発に関する映像番組をインターネットで配信した。三月三日のことだ。

その番組では環境エネルギー政策研究所の飯田哲也《てつなり》氏とドキュメンタリー映画監督の鎌仲ひとみ氏をゲストとして招き、東京電力に勤める友人にインタビューもした。

どこの原発が危ないのかを尋ねたところ、飯田さんは、

「福島県双葉町にある原発はかなり危険です。地震、それよりも怖いのは津波。巨大な地震が起こったら破壊されてしまう」

と警告していた。

放送後の打ち上げの席でも、僕は鎌仲さんからヨウ素とセシウムの内部被曝の怖さについて教えてもらい、さらに彼女が撮った『ヒバクシャ』という映画を観て、原発というのは大変な問題だと思うようになっていた。

そして、二〇一一年三月十一日、東日本大震災が発生した。翌十二日には、双葉町にある福島第一原発1号機が水素爆発し、膨大な放射性物質が大気中に放出されてしまう。

僕は夢を見ているのかと思った。

第2章　プライベートとパブリックのあいだ

1　土地は誰のものか？

普通に考えたらおかしい

まず僕たちはもともと狂っているのだ。そこから始めたい。

狂っている僕は、狂っている世界から離れた路上生活者たちの所有をしない世界を見て、自分が狂っていたことを認識した。でも彼らはこの世から見たら無法者であるらしい。そうやって見てみると、いろいろと発見があった。違法って何なのだろうと思った。

僕は普通の思考をしてみたいと思った。なんでお金がなくなったら住む場所がなくなるのか。普通に考えたらおかしい。動物は別にお金なんかなくとも生きていける。それと人間は根源的には変わらないはずだ。でも人間が動物のようになったら、無茶苦茶な世の中になるという。本当にそうなのか？

それならば動物はなぜ無茶苦茶にならないんだ。なぜ殺し合わないのだ。僕にはその違いがわからない。

だいたい土地を所有したい人など、本当にいるのか？　僕には、家賃を払うのがもったいないから、それなら買おうかという話になっているようにしか見えない。そもそも家賃を払わないといけないというのも、あんまり合法的とは思えない。冷静に考えたら、土地はもともと誰のものでもないはずなのに……、と子どもみたいなことを考える。

もちろん、土地を使う時にはお金を払えばいい。でもそのお金は誰かが所有するのではなくて、ちゃんと公共のお金として貯められなくてはならない。誰かが持っていくなんて、普通に考えるとおかしい。でもこの世は普通ではない。狂っているのだ。

それじゃあ、いま僕たちが払っている家賃ってなんだろう？　どうして、毎日必死に好きでもない労働をしている東京のサラリーマンの月給が18万円で、ワンルームの家賃が8万円とかするのか。おかしいと思うが、誰も文句も言わずに払っている。土地を持っている人間が持っていない人間から金を取るなんて絶対におかしいはずだ。

でも、放っておくとすぐに、「いやいや家賃を払うのは当たり前でしょ」と3Dステレオグラムでも見ているみたいに焦点が無意識のほうに戻ってしまう。それぐらい常識は怖い。普通の思考を僕たちはできなくなっているのだ。

普通に考えよう。常識というものは、文句を言わないようにというおまじないである。まずは、そのおまじないから解放される必要がある。おまじないからの解放は、「考える」という抑制によって実現する。

根源的な問いを

誰のものでもないはずの土地を所有できるのは、法律で決まっているから問題ないのだ、と思う人間の思考が、そもそも大きな問題に思える。

まあ、そんなこと言ったって何も変わらないよ、と思う人もいるだろうけれど、でも意外にそうでもないと僕は思っている。僕はこれを二〇〇一年ぐらいからずっと言っていて、十年たった今、「馬鹿なことばっかり考えて」とはそんなに言われなくなった。それなりにみんなも疑問を感じてきたのだ。だからもうちょっと言い続けようと思える。

そういえば、司馬遼太郎も晩年、『土地と日本人』という著書などで土地の公有化を訴えていた。方法論は何も提示していなかったが、とにかく感情的に訴えていた。土地国有化を訴えていたヘンリー・ジョージの『進歩と貧困』も自分にはしっくりきた。ただ、土地の公有化だけが僕のやりたいことかというと、ちょっと違う。それよりも、

「人間は土地を所有できない」

という根源的な問いを考えたいのだ。

これまでに起きたあらゆる戦争や革命は、土地所有についての戦いと言っても過言ではない。

戦争をなくす前に、僕たちは土地の所有について考えないといけない。

僕には戦う気がまったくない。戦争なんて、まったく無駄だ。考えることを拒否させるための口実にしか思えない。問題を解決する有効な手段とは思えない。つまり、戦争は何か問題を解決するための喧嘩ではないということだ。僕は、戦争をなくそうと叫ぶ前に、やるべきことをやっていきたいと思っている。

それは土地の所有の問題である。

土地の所有をちゃんと考えることは、人間の「生きるとは何か」を考えることと直結している。土地を私有、公有するという問題ではなく、自分の周辺にある物事といかに接していくかを考えたいのだ。

そこには生きのびるためのヒントがたくさん隠されている。

生理的にムリなことを大切にする

土地に対して興味を持ったきっかけは、大学時代に大工の修業をしている時だった。弟子入りしたのは東京・東中野の町大工で、僕は家一軒を建てるまでのすべての工程を見せてもらうことになった。基礎工事から全部かかわったのだ。

初めて体験したその現場で、僕は、植物が根こそぎ掘り出された大きな穴にコンクリートを流し込んでいく過程が、どうも生理的に受け付けられなかった。なんかこれ、普通に考えたらおかしいような気がするけど、なんでみんな平気な顔でやっているんだろう？

　不安になってきて、親方に聞いた。

「えっ、これってなんかおかしくないっすか？　親方！　昔はただ石ころを置いてその上に家を建てていたわけでしょ？　なんで、こんなに掘って、そこにコンクリをぐりぐり流し込むんすか？」

「そうだよなあ。やっぱおかしいよなあ」

　親方は迷わず、そう返した。

　僕はいつも、頭で考えない。生理的な反応をもとに思考していく。「生理的に」というのはその後もずっと気になっていて、それは普段は除け者にされている感覚なんだけど、とても重要なキーワードだと思う。「生理的に」というのは、学校や企業などの常識を重んじている社会とは別のレイヤーにある気がする。かつ「生理的に」というのはとても普通の感覚にも感じられる。

　僕は、生理的に駄目だと思った時に、「考える」ことを始めるのではないかと思っている。論理的に捉えられても生理的に受け付けないもの。これが僕にとっての考えるきっかけだ。

だから大工の修業に行ったはずなのに、僕はそれ以降、大工の技術を覚えることなんか放っておいて、親方に質問攻撃を始めた。なんで、こんな建築のつくりかたになっちゃったんだって。おかしいだろって。

そうしたら毎回、親方は僕に「おかしいとわかってる」と言う。でも、それじゃ食っていけない。今は、建築士の免許がないと建築がつくれないから、大工じゃ無理だ。できたとしても基礎のない建築なんて今の法律じゃ無理だ。土を掘らんと家は建たん。でもそんなことをしなくても本当は問題ない……。

つまり、親方は問題があることは生理的に肌でわかっているのに、匿名化した建築社会システムではそれが当たり前ということになっているので身動きがとれなくなっているのだ。でも、それがおかしいことを本当はわかっている。僕にはそれが希望だった。自分がおかしいと思っていることは本当におかしいのだと。

生理的におかしいことを受け入れてはいけない。それは疑問として、ちゃんと自分の手前でとどめておかなくては駄目だ。体内に入れて咀嚼《そしゃく》してしまったら、自分が駄目になってしまう。

法隆寺には基礎がない

そんなわけで、大学三年生の時に僕は建築を建てるという思考を完全にやめた。そこから生理的におかしいと感じたものに関しては、とにかくゆっくりと、怒らずに、感情的にならずに、とりあえず答えが出なくても考えてみることにした。

というのも、僕の抱えている生理的な問題をどうにかして「論理的に」解決しようとしている人がまわりにいたけど、全然腑に落ちなかったからだ。「え〜、それって言い訳くせ〜」と思っていた。

「結局、それじゃ食えないから仕方がない」

と大人はよく言う。だから、僕は仕方がないと言って生理的に受け付けないものをやる行為そのものを封じ込めることにした。食えなきゃ食えないで、自分でなんとかしろという生き方を選んだ。だから設計もしなかったし、就職もしなかった。それでも生理的にはとても心地よく、楽しかった。僕はギターが弾けたので、路上で試しに歌ったところ、日に1万円稼げた。それですべて解決した。僕は一生飢え死にしない、と。

だからこそ、これからもずっと、年をどれだけ取ったとしても、生理的に、普通に考えようと決めたのだ。

福島第一原発の事故が起きた時も同じだった。死の灰が降ってきた。この時も生理的に受け付けられなかった。何がなんだかわからなかった。それでも生理的に足がすくんだ。そこで、とりあえずぎりぎりおかしくなさそうな所まで逃げて、そこでこれからの生き方をゆっくり考えようと思った。

生理的なトリガー（引き金）によって考え始める。そこには自分が考えなくてはならない、使命と言っては恥ずかしいが、何らかのやるべき仕事が隠されている。それが僕には「土地」について考えることだった。

奈良にある法隆寺には当然ながらコンクリート基礎がない。それなのに、現代建築はコンクリート基礎がないと建設することができない。これは普通に考えておかしいことだ。しかも、大工さんもいらないって言っている。それなのになぜ、こんな非効率的な方法論がまかり通っているのか。コンクリートの基礎をじーっと見ていたら、ふと気付いた。

「あっ、これ、どこにも動かせないようにされてる」

と。つまり、現代のあらゆる建築物は、あなたたちには当たり前かもしれないが僕には不思議な「不動産」なのだ。

不動産という言葉もよくよく見ると変な感じだし（フランス語の Immobiliers の直訳。モバイルじゃないという意味だ）、なんかおかしいと思うようになった。これはあなたの土地です、家は35年ローンです、とそこにくくり付けられるみたいなイメージがある。

そんなことを考えていると、また常識的な、論理的な思考が邪魔をしてくる。「それじゃ食えないよ」と。そうすると、ほとんどの人は常識のほうに行ってしまうらしい。試してもいないのに、である。

人間はどうやらそういう行為を論理的に考える、経済的に考えると言う。

それならばと35年ローンで家を持った人に会って、なぜ自分が勤めている会社が三十五年もこの最悪の日本の経済状態で生き残れると思えるのですか？　その論理的根拠はなんですか？　と聞いても、誰も答えてくれない。

さらに、このままのペースで家を建設していくと二〇四〇年には全国にある家の43％が空き家になるとのことですが、それを聞いてもまだローンで家を手に入れますかと質問すると、もうそんなことはどうでもいいんだ、と怒られる。

だから、僕はもう直接言うのはやめた。考えない人に考えた結果を教えても、たいていうまくいかないのだ。邪魔をするなと言われてしまう。そんな非論理的な行為でこの世は埋め尽くされている。

しかし、諦めるわけにはいかない。おかしいものはおかしいとちゃんと訴えなければ。では、どうするのか。その方法論は。

それが僕の使命である。

不動産を所有して嬉しいか

話が飛びそうなので戻すと、明治二十九年に制定されたヨーロッパのただのパクリである（しかも階級差別が根深いローマ法型）民法の中に初めて出てきた「不動産」という言葉がまず生理的に受け付けない。そこで、なんとなく「考える」ことを始めるのである。

ゆっくり考え始めてみた。

もし僕が王様だったら。たぶんコンクリートで建築と土地とをやたらめったら定着させようとしている人間がいたら止める。それは確実にゴミになるし、コンクリートで定着させたら、つくり直しができないし、いろいろと面倒なことになる。それででっかいものを建てられても困る……。とにかく不動産は禁止する。

でも、この国には不動産しかなくて、可動産なんてほとんどない。王様の僕がおかしいのだろうか。あなたももしも王様になったらと仮定し、普通に考えてみたらどうだろうか。絶対におかしいと思いませんか？　なぜこんなにゴミになって、お金もかかるし、移動もできないものに平気で役所からの建設許可が下りるのか。

だから、これは建築のための方法論じゃないんだということが普通に考えればわかる。なにか他にも意味があるんだ、と。それは何なのかと言えば、コンクリートの基礎をつくったら、しっかりとわかるわけです。不動産の面積が。しかも昔の日本建築みたいに動かせない。しっかりと所有の観念が具現化されている。

それでもって所有も二つのレイヤーを持っている。このあたり、現政府は巧みだ。レイヤーに関しては結構うまく使っている。

所有には「所有して嬉しい」という個人の喜びと「誰のものか一目瞭然」という管理する側の操作性の良さという二つのレイヤーがある。

「誰のものか一目瞭然」、これはよく理解できる。それは登記簿に書いてあるし、そこに住んでいるし、家を買っているし、ローンを組んじゃっているし、だからこそ働いているし、全部見てわかる。一方、「所有して嬉しい」のほうはどうなのか。

「所有して嬉しい」という「感情」は一体何なのだろう。実態は賃貸している時と同じような気がする。所有していれば自由に改装できると言っても、別に無茶苦茶するわけでもないし、僕は今でも賃貸なのに改装しまくっているし、家を所有する、購入するって一体どんな感覚なのか？　いつか高く売れるから？　そうだったらそれは法律違反よ。

土地基本法第４条　土地は、投機的取引の対象とされてはならない。

実は、日本にあるほとんどすべての不動産業者が、この法律で考えると違法なのだ。僕には土地や家を購入する嬉しさ、所有する嬉しさというのが、まったく理解できない。もしも説明できる人がいたらぜひ教えてほしい。家を購入する利点は一体何なのだろう。僕には意味がわからない。こんな僕は建築家失格なのだろう。いっぱい家を買わせている建築家のみんなは、ここに疑問がないはずだから。

結論。僕にとって、不動産を所有して嬉しいなんて感情は実はない。別に賃貸でも楽しいものは楽しい。

本当に大事に作物を育てている農家であれば、ここは私たちの土地だと思うよりも、まずこれは与えられた土地であり、自分たちのものであると言い張ることは勘違いであると理解しているはずだ。僕が知り合った農家はみんなそうだった。

与えられたということは、誰のものでもないということだ。先祖とか神様とかじゃない。つまり、土地所有の欲望と、自分の作品としての家というのはちゃんと切り離すことができるということだ。

面倒だからこそおもしろい

土地の所有は今一番考えなければいけないことだと思う。もし二〇一一年一〇月に世田谷区で起きたラジウム騒動が実はセシウムだったら、さらに言えばまさに今福島で起きているこの惨事は、同時に不動産が無価値になるということだ。

現政府がもし「所有して嬉しい」というレイヤーのほうを重視しているとしたら、すぐに補償してみんなを助けるはずだろう。でも、どうやら現政府は「誰のものかすぐにわかる」、つまり徴税のほうのレイヤーにしか頭が回っていないようである。だから僕は心配なのだ。やっぱり信用できないと思ってしまう。

つまり、現政府は自分たちは多層なレイヤーでものを見ながら、人々には単一のレイヤーで生きるように仕向けている。それがゴタゴタの始まりで、それが所有という考え方のぎこちなさの始まりなのだ。家を持つことは、もっと手軽でおもしろいはずなのに。

今の所有は重たいし、そして鎖でつながれている。僕はそのことに恐怖を感じるが、マイホームを持つことに恐怖心を持つなんてことは、どうやらこの世では狂っている人間の思うことと認識されているらしい。

ここで僕はまた生理的に受け付けられない何かを感じる。若い頃からの疑問と、そして3・11以降ぶつかってしまった大きな問題。これが今、同じレイヤーで邂逅している。

震災のあとで、言論の世界でも、建築の世界でも、美術の世界でも、芸術全般の世界でも、僕は放射能の話をするのだけれど、みんな話をそらす。それでいいわけがないのに。

これは本当に、建築家に土地所有の話をするのと何一つ変わらない。それは仕方ない、で終わってしまう。それじゃ駄目なのではないかと僕は思うのだが、どうやらそんな質問に答えなくても、彼らは仕事を失っていないようだ。つまり、今の建築業界はそれで話が通るのである。

「それ」を考えてしまうと、仕事がはかどらない、今まで言ってきたこととぶつかってしまって引っかかる、というような「それ」をやっぱり避けちゃうのが、今の表現になっている。それは違うと思う。むしろ、どうにも進めないからおもしろいわけで、取り組む必要があることを示しているようにしか僕には思えない。

つまり、土地所有の問題も放射能と同じで、別に論理的に問題がないのではなく、ただ面倒くさいから考えないだけなのだ。どちらも面倒くさいけど、考えればちゃんと捉えることができるはず。答えは見つからなくても、生きのびるための技術はなにかしら手に入れることができるはずなのに。

「問題がない」のではなく、「問題」と見なしたら大変だから「問題がないことにしている」だけ。見て見ぬ振りをする、臭いものに蓋をする。日本の言い回しでそんな言葉がある。まさに、それをやっているのが今の労働の現場である。建築の現場である。生活の現場である。政治の現場である。

そうやって、自分のまわりの事柄を見ると、そういうもので溢れていることに気付く。それが、僕にとっての「考える」トリガーである。それはお荷物ではなく、僕にとっては「宝」である。磨けば光るよ。

2 じわじわしみ出るパブリック

不思議な庭

雑誌『エココロ』の連載で東京の庭についてフィールドワークをしていた時のことだ。庭と言っても東京だから土地がない。それでも庭が欲しくてたまらない人が苦心してつくった庭を、僕は採集して歩いた。名付けて「4D GARDEN（四次元ガーデン）」。

その中で、特に気になった庭がある。

まずは左の写真を見てほしい。中野区にある、庭の土地がない人の庭である。花壇かと思ったら、車のボンネットだった。駐車場も欲しいし、庭も欲しい。そう思って結実したのがこの庭だ。

でも、車はどうするのか。いや、あれはただの花壇として使っているだけなのだ……、それにしてはどうも車が綺麗だ。おかしいな、と思って庭師に尋ねると、明日の朝もう一度来いと言う。そして、行ってみると……。

東京・中野区にある不思議な庭

こうなっていた(次頁)。

庭師は毎朝、鉢植えを丁寧にどかして、車を走らせていたのだ。しかも、息子さんを中野駅に送るだけ。距離にして五百メートル。別に送る必要などないのだが、車は動かさないと壊れてしまうのでわざわざやっている。

駅まで送ってすぐに帰ってきては、移動していた植木鉢をまた車の上にセットする。これは大変な作業だと思うけど、庭師はニコニコやっていた。しかも、すごいのがこの庭、0円ガーデンなのだ。つまり植物を買ったことがない。どうやってつくり上げたかというと、道ばたで気になる植物があるとつまんでくる。つまんできた植物のかけらは、すぐに小さなポットで育てられる。する

翌朝、行ってみるとこうなっていた

とすぐに根っこが生えてきて、生長し始める。そんな地道な作業を経て、この庭はつくられているのだ。

じゃあ、その小さなポットはどこにあるんですかと聞くと「あれだよ」と庭師の家の向かいにあるアパートを指す。もしや……。向かいのアパートには壁沿いに黒い小さなポットが花屋さんみたいにずらっと並んでいた。ここは二軍のファームみたいなものだ。ここで育つと、晴れてメジャーリーグへ、つまり車のボンネットの上に飾られる。

「一軒家にアパートもお持ちなんですか？　すごいですねえ」と僕が言うと、

「いや、あのアパートは私のじゃないよ」と庭師。

なんと庭づくりのうまい庭師を見たアパートの大家さんが「うちのスペースを使ってもいいよ、その代わりちょっと管理もやってね」という契約を結んだらしい。庭界のヘッドハンティングである。

DIYでつくられた公立公園！

僕はこの庭の在り方を見て、私的所有のことについていろいろ考えてしまった。自分の土地で庭をつくっていたら、その領域を越えて向かいの家にまで繁殖していく。これが生ゴミや、変な置物じゃ広がらないかもしれないけど、植物だからつい繁殖してしまう。植物はそこにあるだけで、いろんな人の心を豊かにするからだ。植物は土地所有のレイヤー間を飛び越えることができる。

よく見ると、すべての鉢植えにそれぞれの植物の名前が書かれた名札が差さっている。さすがに数が多くなったので覚えられないのか、でもなぜすべての植物に？　そう思って尋ねると「たくさんの人がこの庭の前で立ち止まって、眺め、必ず植物の名前を聞くから」と言う。なんとその名札は通りを歩く人のためのものだったのだ。

さらに庭師は僕に言った。

「近くに公立の公園があるけど、地面はジャリだし、木なんかポツンポツンとしか立ってないから、やっぱくつろげないもんね。公園ってのはうちみたいに緑で溢れて楽しくないと」

僕はつい涙ぐんでしまった。庭だと思っていたものは、実はＤＩＹでつくられた庭師による公立公園だったわけだ。庭のような、その土地を所有しているものが楽しむための私的な空間ではなかった。それは明らかにパブリックだった。庭師によるＤＩＹなパブリック。

僕はそれを見て、この庭のような方法論で生まれた公共を「プライベートパブリック」と名付けた。

みんな、わかっていると思う。日本の公立公園にはなかなかいいものがない。代々木公園や井の頭公園は気持ちよいけど、ほとんどの町中にぽつんとある公園は「おいおいそりゃないだろ、ただ金を使いたかっただけだろ」というようなものばかり。

そんな中、この庭師を見てほしい。彼は自力で、しかも０円で自分の領域で工夫するだけで、まったく別のレイヤーのパブリックをつくり出している。僕はこれを世界中で見せては、「日本には素晴らしい公園があります」と自信を持って説明している。ここには大きな希望がある。そして僕たちが学ばなければならない思考がある。

人間の体を起点にする

今の公共施設のつくりかたに僕はとても疑問を持っている。いつも、いつの間にか出来上がっているからである。新しい図書館、劇場、ふれあいセンターなど。もちろん、それが必要ないとは言わないが、他にも古いけど公共施設はあるし、別になくてもそんなに困らないものばかりだ。しかも、とても大きい。

そして、そこではゴロ寝することができなかったりする。それなら、ただの草原の公園のほうがまだ良い。というよりも、そちらのほうが、僕たちはより大きな空間を手にしていることになる。夜になると入れない、中でお弁当を食べることができない公共施設なんて、市民のための空間であるとは言えない。

このように、現在の公共施設は枠だけをつくっている。箱モノだけをつくっている。そこに膨大な税金が投入され、必要あろうがなかろうが、自治体の首長の指示だけでいつの間にか完成してしまっている。そして、建築は増えるものの、僕たちが自由に遊べる空間は実は減っていっている。建築家も設計料は建築費の数％なので、必然的にギリギリまで大きなものをつくろうとする。

つまり、これらの公共施設ははじめから矛盾しているのだ。

それに比べ、この庭師がつくり上げた公共の公園はどうだろうか。彼はまるで彼の体から香りが漂い、広がっていくように庭を、公園をつくっている。人間の体を起点にして少しずつじんわりと広がっていく公共の概念だ。

僕はこれが公共だと叫びたい。プライベートパブリックこそが公共なのだ。人々が必要と感じ、お金を使って産業として公共施設をつくるのではなく、工夫をこらしてアイデア満載の公共を自らの空間を贈与してでもつくり上げる。

これこそが人間の公共精神の姿だと思う。

これを僕も見習いたい。

高架下の滑り台を転用した0円ハウス

DIYで政府をつくろう

こちらはまた違うケースだが、行政によるパブリックな公園の再利用例。滑り台を転用した0円ハウスだ。これは名古屋の高架下にある。両脇には大きな幹線道路が走っているので子どもなんて一人も見かけない。でもこんなに大きな滑り台がある。

やはり0円ハウスの住人は皮肉が効いていて、子どものためと嘘をついてただ税金を使いたかっただけの行政に対し、軽やかに非暴力不服従&別レイヤー構築をしている。さすがだ。

つまり、プライベートパブリックという考え方は、別に僕が考え出した新しい概念でもなんでもない。ずっと僕たちの周辺に実はひっそりとではあるが存在していたものである。

ただ、そう名付けて、あらためて眺めてみると、一見普通の街並みが、様々な思考のレイヤーが編み込まれている立体的な空間であることがわかる。

そして、このプライベートパブリックという考え方を自分の実践に応用したのが、原発事故後に僕が始めた「新政府」だ。無様な公園ならまだ我慢できるが、無様な政府はまずい。ここは一つ庭師にならって、プライベートパブリックとしての政府を独自につくり、僕が勝手に楽しい政策をつくってみようと試みることにした。

「なんだよあの公園」と思うように、「なんだよあの政府」と僕は思ったのだ。政府は、公園と同じように税金を使うことしか考えてなくて、人々が公園で憩うことを無視するように、人の体、生活について何にも考えていないと、ただただ素直に感じた。

命が軽んじられている、と。

でも文句を言うだけでは、あの庭師を取材した意味がない。何かを実行しないと。話は簡単だった。庭師は既存の公園に納得いかなかったのでDIYで公園をつくった。僕は現政府に納得いかないのでDIYで政府をつくる。単純すぎるのは僕の良いところでも悪いところでもあるけどね。

こうして僕は新政府をつくることにしたのだ。

3　二〇一一年五月十日、新政府誕生

覚醒の時

二〇一一年三月十五日、僕は日経新聞で東京でも大気中からヨウ素とセシウムが発見されたことを知った。これはいかんとすぐに妻フーと娘アオ三歳を新幹線に乗せて大阪へ送り、僕は映画撮影のために名古屋へ朝八時に出発した。僕も名古屋からすぐに大阪へ。

僕は三月十六日から一週間ほど大阪で過ごして、気が狂ったようになっていた。携帯電話に登録してあるすべての人に電話をかけ、とにかく西日本に避難せよと伝えた。ホームページの日記内でも逃げろと書きつづけた。

ちょうどそのころＮＨＫが僕のドキュメンタリーを撮影していたので、僕なんかを特集せずにセシウムとヨウ素の説明を国民に伝えたいと申し出た。お世話になっていた朝日新聞の人には、とにかく死の灰について書きたいとお願いした。でも全部断られた。朝四時頃まで真剣に話したが無理だった。

挙句の果てには、民主党の某秘書にまで電話をかけて、すぐに自衛隊を発動させて人々を福島から逃がせと迫った。すると、「あなた、既存のスキームじゃ、もう何も手を打てないのよ」と言われ、はっと目を覚ました。

僕はモバイルハウスを建てると言いながら、国難のような事態を前についつい政府やメディア、つまり権威に頼ろうとした。これではいけない。こんなことでは鈴木さんにも庭師にも笑われる。自分でやろう。

今振り返るとギャグみたいな話だが、僕は真剣に考えていた。これはどうしたらいいものかと。言論やメディアや建築や芸術の人たちを見たが、震災のことには触れていたり、脱原発を叫んだりはしているが、誰も福島第一原発を見ていないように感じた。誰もそこにいる人を逃がそうとしていない。原発の是非よりも、次のエネルギーを心配するよりも、まず人だ。事故現場から逃がさなくてはならない。

新政府の誕生

その後、妻の知り合いの国会議員の家族は三月十五日に海外へ避難していたと知って僕は愕然とした。政府は知らなかったのではなく、言わなかったのだ。

みんなは政府が逃げろと言わないもんだから、自分で情報を集めてどうにか考えていた。僕はどれも信用ならなかったから、自分が行ける中で一番遠い実家の熊本に逃げた。

その時、すでに国会議員の家族は海外に逃げていた。もうこれは仕方がない。現行の匿名な政治と同一平面上で戦っても死ぬなと思った。

政府は知っていて言わなかった。つまり、国会議員の家族の「命」と僕たちの「命」が分けられて、僕たちの「命」が匿名のモノのような、無視してもバチが当たらないものと捉えられている。これでは政治の枠内で変えようなどと気合いを入れても意味がない。独自のレイヤーで、家だけでなく、政府までもつくるべきだと思った。

こんな現政府を本当に信じられますか？ それでも、多くの人は「次はちゃんと教えてよ！」なんて言うのかもしれない（家庭内暴力を振るう夫と別れられない女性みたいだ）。それは馬鹿だと思う。でも今の政府はいいよな。嘘をついても国民に怒られないんだから。

僕は、逃げるべきだと知りながら言わない政府というのはもはや政府ではないと認定した。つまり、現在は無政府状態なのである。政府がないのはまずいから、僕のほうで一つつくってみようとしたまでだ。

そんなわけで二〇一一年五月十日に「新政府」を設立した。そして、自分で始めたのだから責任をとって「新政府初代内閣総理大臣」に就任した。勝手にね。

ただ、この国にはクーデター防止のために内乱罪という罪があるらしく、新政府なんて勝手に名乗っていたらまずいかもしれない。だから、新政府活動は「芸術」と呼ぶことにした。もともと僕は「社会を変える」行為を「芸術」と呼んでいたので、嘘ではない。確定申告でも、僕のこれらの新政府活動で使った経費は芸術の制作費として申請している。そこらへんはきちんとしておかないと、すぐに法律の罠に引っかかってしまうから気を付けよう。一応、国際弁護士の親友であり、現カナダのボウエンアイランド市長であるジャック・アデラーにも助力をお願いした。

モデルとしての路上生活

新政府だからと言って、別にすべての行政を行うわけではない。僕が担当しようと思ったのは、生存権の死守である。半分冗談だけど誰もしないからやる。

新政府の政策の柱となっている考え方は単純である。それは、

「自殺者をゼロにするために全力を尽くす」

である。生活苦で死ぬのは憲法違反だ。だからこそ行動していきたい。路上生活者がいること自体がそもそも憲法違反なのだから。

僕が念頭に置いているのは路上生活者、0円ハウスの生活形態だ。ここではすでに0円で生活することが可能な世界が実現されており、あらゆるゴミを貨幣に換え、独自の技術

を独自の「貨幣」として流通させる新しい経済が実践されている。

困ったことに、僕がこういうことを言うと、「乞食みたいな生活はしたくない」とか「掘っ立て小屋には住みたくない」とか「残飯を漁る食事は嫌だ」とか言う人がいるのだが、別にそんな生活をしようと言っているわけではない。都市の中でゼロから自分たちの生活をつくるレイヤーをつくろうと言っているだけだ。装飾は各自でやればいい。

新政府の避難計画

新政府の首相官邸は熊本市内坪井《うちつぼい》町にある築八十年の一戸建ての家だ。敷地面積は200㎡。これを家賃3万円で借りた。僕はここを「ゼロセンター」と名づけ、東日本全域から死の灰を逃れてくる人たちの避難所にした。宿泊費0円、光熱費0円の常識的に考えると、怪しい避難所である（当然のように新興宗教と間違われた……）。しかし、普通に考えたら、困っている人を無償で助ける行為は当然のことである。だから僕は当然のことだと判断し、本当に1円もとらなかった。

たったの一ヵ月間で、東日本から避難してきてここに宿泊した人が百人以上。最終的には、約六十人の人が東日本から何の縁もない熊本へ本当に移住した。

避難区域が判然としていない中で、行政が避難計画をやるのはそもそもほぼ不可能なのだ。しかし、個人でつくった小さな政府であれば、それが簡単にできる。これはとても実用性がある。本来、必要なのは日本全土を統治する大きな政府ではない。それぞれの人が顔を認識し、コミュニケーションをとることができるぐらいの小さな政府だ。そこが機能しないと、大きな政府は崩れてしまう。

考え方は、路上生活者を調査した時やモバイルハウスを建てた時と何も変わっていない。匿名化したシステム内では不可能だと思われていることを、高い解像度で見て、独自のレイヤーを発見し、そこで実践する。政府にそこまでやらせるよりは自分でやったほうが早い。芸術なのだから、国会など通す必要もない。勝手にやればいい。

ゼロセンターに避難してきた人は、その後、それぞれ自分たちで家を決めて移住していった。こちらがどういう態度で避難計画を行っているかを伝えれば、怪しまれることはなく、ちゃんと人には伝わることがよくわかった。むしろ、まず人のことを疑うことは生きのびるためには必要な行為である。ちゃんと対話をして誤解が解ければいい。それよりも、助け合うという純粋な行為、損得を考えない生理的な行為のほうが重要なのだ。

僕はただ現政府のやっていることがおかしいと思っていただけだ。それで、本来あるべき政府だったらどうするかを考えると、やはりきちんと避難を呼びかけることだった。僕はお金を持っていないので避難の費用までは出せなかったが、「0円で泊まっていいですよ。移住の方法を一緒に考えましょう」と伝えた。

自分の持っているお金で簡単に十分にできるのである。実際、避難計画にはほとんど経費はかかっていない。光熱費を出し、福島の人には旅費を払い、ホールボディカウンターを受けさせたぐらいだ。家賃は3万円なのだから、これなら簡単に運営していける。

初の外交、そして組閣

そんなことをやっていたら、熊本県知事直属の政策参与小野泰輔氏がゼロセンターにやってきた。新政府、初の外交活動である。しかもなんとモバイルハウスに興味を持ってくれている。これで住宅の在り方を変えたいとのこと。僕は労働の在り方も変えたいと言った。こうして熊本県との外交が始まった。

僕はモンテビデオ条約という「国家とは何か?」を定めた法律を見ていて、それを一応本気でやってみようと思っている。国家の条件は、1、国民。2、政府。3、領土。4、外交のできる能力。1と2はある。3は先述した銀座に見つけた所有者不明の土地を領土にしている。4、これは熊本県と実践中。

さらに自分が内閣総理大臣になったのだから、組閣することが求められる。僕はまず文化人類学者、宗教学者である中沢新一氏に電話をした。二〇一〇年に氏と出会い、意気投

合するところがあり、さらに僕に、

「子どもの質問をこれからもずっとしていきなさい」

と教えてくれたのだ。僕が勝手に私淑している方でもあった。

中沢新一氏を文部大臣に任命した。氏は即答で快諾してくれた。

さらには僕に被曝の恐ろしさを教えてくれた映画監督の鎌仲ひとみ氏を厚生労働大臣に、建築家の藤村龍至氏を国土交通大臣に、官房長官は、ずっと僕と一緒にインターネット上で番組をやっている音楽ライターの磯部涼氏に。などなど、僕は勝手に自分の知人を大臣にしていった。

その人がいるだけで場が和む人は和み大臣。マッサージのうまい人はマッサージ大臣。どんな人の電話番号でも獲得してくる人は電話番号大臣。人にはそれぞれ才能があり、それこそがその人の使命なのである。

つまり、新政府の国民であればすべて、何らかの大臣であるとしたのである。そして、僕は自分でつくった新政府の総理大臣であるかもしれないが、僕は同時にあなたがつくった新政府のなんらかの大臣でもあるとも伝えた。別に僕は国家を統治したいわけじゃない。自分の力で、まるであの自宅スペースに公園をつくった中野の庭師のように、自分の体を起点に新政府をつくった一人にすぎないのだ。

それでも、新聞の全面広告に新政府の宣伝を出してみたいなどと空想する。二〇一二年四月現在、僕のツイッターのフォロワーは一万二千人。数百万円から1000万円と言われている全面広告もお金さえ出せば実現する。一人1000円ぐらい集めたら余裕でこういう宣伝を打てるだろう。

「あなたは何大臣ですか？　新政府はあなたの才能を求めています。今すぐお電話を！　坂口恭平新政府内閣総理大臣　tel. 090-8106-4666」

0円サマーキャンプ

避難計画につづいて、福島の子ども五十人を無料で熊本に三週間招待するという「0円サマーキャンプ計画」を立ち上げた。

これは僕と、震災後、福島でボランティアを行っているNPO青年協議会代表の上村剛さん、そして熊本県政策参与の小野泰輔さんの三人で始めた。たった三人で一回閣僚会議をして、その場で決めた。お金を取らずに0円でやってみることにした。できるかどうかはわからない。とりあえず進めてみようと。このような計画はどこの自治体もほとんど実行していなかった。やっていても二泊三日とかで期間が短かった。

飛行機と新幹線の往復。これだけでもかなりお金はかかる。とりあえず僕は自前の金が

150万円あったので（これは僕の絵をバンクーバーのパトロンに売った300万円のうち、半分を妻にあげて残った半分）それを使う予定だったが、僕のこの0円サマーキャンプ計画を知った三人のフォロワーから計150万円が新政府の口座に振り込まれた。

このお金は募金ではない。僕の態度に対する投資だと僕は捉えている。確定申告時には寄付金対象にはせずに、自分の収入にした。しかも、そうすることで、この新政府活動が「芸術」という一つの仕事であることも示せる（新政府活動って、つまり生きることがすべて経費になるのかな？）。

このように自分が実現したい行動を、自らの態度を示すことで実現させる経済の在り方を、僕は「態度経済」と名付けた。これまでの貨幣経済、資本主義経済ではなく、態度をもとに人々の交易、貨幣の交易を実現する経済。それはまた、路上生活者たちの行動から影響を受けて考え出した経済でもある。モノの交換ではなく、態度の贈与によって発生する経済なのだ。

熊本の人々に声をかけて、五十人の子どもを何組かに分けてそれぞれで宿泊、食事、遊びのお世話をしてもらいたいとお願いした。僕はちょうどタイミング良く地元紙熊本日日新聞で連載を始めていたのでうまく伝わり、多くの方から支援を受け、0円サマーキャンプが実現した。

実を言うと、サマーキャンプの終わり際、しかも終戦記念日の八月十五日に僕は鬱期に突入する（僕は精神病院から躁鬱病と診断されている。病気とは思っていないが）。しかし、二十日にサマーキャンプは誰も怪我せず無事に終わった。福島の子どもが困っているならどうにかしないといけないと感じたことから始まった行為には、多くの贈与が集まった。

この間、行政はどこも行動することができなかった。熊本でもいくつかの自治体は福島からの子どもを受け入れると言ってはいたが、実際にはどこも受け入れていなかった。現政府はちぐはぐだなと思う。単純に少し余裕のある人間が、困っている人間に対して、活動する。これは善意とかそんな大げさなことではなくて、普通の行動である。

次章で述べるように、僕はそれをケニアのナイロビで学んだ。お金を持っている人間がいれば、お金のない人間は食事の心配をせずリラックスできる。そのかわり、お金はなくても踊りがすごい、歌がすごいので、教えてくれるし、宴では一番のエンターテイナーになる。そうやって人間の役割は実は自然と決まってくる。

このナイロビでの普通の感覚。このナイロビ的態度をやっていきたい。これはとても気持ちよい。グルーヴで動くということだ。いい流れが来たら金なんて気にせずさっと動く。こういう場所に人は一番集まりやすい。もっと言えば金だって集まってくる。美味しいものも。だから心配しないでいい。

私有概念を拡げる

プライベートパブリックという考え方は、何もすべてがパブリックだと言っているわけではない。すべてがプライベート、すべてを私有しているとも言うことができる。

たとえば、「この家は寝室にすぎない」と言い放った路上生活者のことを思い出してほしい。彼は一畳間の小さな家に住みながら、その家を「寝室にすぎない」と判断し、都市全体を自らの「居間」のように捉え、自分の生活要素を都市の中にしみ込ませていった。空間を私有する概念を拡大したのである。

それはこれからの僕たちの家の考え方、暮らしの考え方に大きな影響を与えることだろう。自分だけの空間は必要だ。それには僕も賛成だ。しかしそれはある土地を私有するのとは違うかたちでも実現できる。しかも、もっと広大な空間を手にすることだってできる。

私有が悪いのではない。私有の概念が狭いのだ。

だから、プライベートとパブリックの二つにきっちり分けてしまうと見失うものがある。僕は新政府活動をしていく中で、むしろ二つは同じ考え方なのではないかと少しずつ思うようになっていく。

第３章　態度を示せ、交易せよ

1　新しい経済の在り方

ナイロビの夜

二〇〇七年に、僕はケニアのナイロビで開催された展覧会に参加した。

きっかけはひょんなことだ。あるインド人アーティストが、日本の書店でたまたま僕の『0円ハウス』という写真集を見て、それを覚えていて、僕を探し出してくれた。その時点でアフリカに出発するまで三週間しかなかった。注射を打つ時間がほとんどなかったので、黄熱病だけ打って飛行機に乗った。

依頼されたのは、ゴミを拾って動くものをつくること。そこで僕は一番ゴミがありそうなところへ連れて行ってくれとお願いした。そして、キベラというアフリカ最大級のスラム街に連れて行かれた。

キベラに住む若い青年たちに制作スタッフとして働いてもらった。みんな仕事はあるけれど、月収3000円ぐらいの人ばかり。僕のギャラが三週間で7万円。僕がふだん生活するには無茶苦茶安くて妻にはあきれられたのだが、それでも彼らの月収の二十倍以上もあるのでスタッフの食事代はすべて僕が出した。

しかも、スタッフなんか二人もいれば十分なのに、気付いたら八人くらいいた。で、仕事が終わると毎日、ナイロビ２０００というクラブか、コンゴ音楽が生演奏で鳴り響くレストランへ行った。しかし、みんな酒をあんまり飲まずに踊ってばかりいる。そして、部族の歌や踊りを僕にどんどん教えてくれた。

その八人の共同体を見ていたら、一人がリーダーでちゃんと行政から人形劇の公演をするためにお金をもらっていて、その下に車を持っているサブリーダーがいて、その他は天真爛漫で何も考えていないような、しかもお金も持っていないような人ばかり。

この時つくった Kibera Bicycle

でも、ある人は歌がうまく、ある人は踊りが最高、ある人は目が良くて、ある人は絵が上手で、ある人は顔が広くて人と人をつなげるのがうまく、ある人は女の子にモテた。みんな、それぞれに役目があった。お金なんかどうでもいいのである。というかお金くらい、ある奴が払えというノリだった。それがとても心地よかった。

そんなナイロビを見ていて、僕は未来を感じたのだった。彼らはみんなで人形劇をやっており、お金なんかどうでもよかった。それよりも、踊りの腰の動きのほうが重要で、リズムを一個抜くところが重要で、それを女の子がわかっていて寄ってくる。なんか高度な文化だなあと思ったものだ。

この時に「態度経済」という言葉は出てこなかったけれど、その萌芽のようなものは感じていた。AV機器を全部盗まれたピーターは、一週間後にはみんながどこからか拾ってきたAV機器を手にしていた。リーダーのトミーが毎月書類を書いてお金を獲得していた。

僕はそんなトミーを見ながら「お金農家」という言葉を思いついた。蜜柑農家は蜜柑だけをつくる。米農家は米だけをつくる。作家は原稿を書き、画家は絵を描く。

しかし、なぜだかそれぞれの農家や作家や画家は、それらのものを貨幣に交換するのだ。すべてのものが貨幣に換算されてしまう。それは当たり前のことでもあるが、何か違和感を覚えるものでもあった。

しかし、トミーやその友人たちを見ていると、あらゆるものと交換することができる貨幣というよりも、それは歌やダンスと同じような一つの要素に見えたのである。まるでトミーは蜜柑農家ならぬ、お金農家のようにお金をどこかから採集してこようとしている。そして、それをみんなに分配していたのである。

ナイロビでの出来事はとても興味深い体験であった。そして、僕は、路上生活者の家の調査から始まった建築とは何かという思考から次第に、貨幣とは、生活とは、共同体とは何かという思考の段階に入っていくのである。

経済とは何か

匿名化した社会システムの中で一番手強いものは、お金にまつわる事柄である。僕があれこれとツイッターでつぶやいていて、最も多い反論は、そんなことを言ったって今の経済の中では無理でしょ、というものだ。

「お金」に関して考えてみよう。僕が重要だと考えていることは、「家の在り方」ともつながることだが、まず「生活にいくら金がかかるのか」をちゃんと可視化すること。そして「どうやってお金を稼ぐか」、これをしっかりと自分のレイヤーでつくり上げることだ。

福島原発事故でも、原発から逃げるリスクと、避難によって仕事を失ってしまい生活費を稼げなくなるリスクとを天秤にかけて避難を考えろと言う人がいた。一見、正論のように見えるが、生きることと、生活費のことを天秤にかけてどうする。それがすでに罠なのだ。

それじゃあ、経済とは一体、何なのか。

経済（ECONOMICS）の語源を考えてみる。ECONOMICS＝OIKOS＋NOMOSだ。どちらも古代ギリシア語である。

OIKOSとは家計、住む場所、関係を持つ場所などを意味する。

NOMOSは習慣、法律、社会的道徳、古代ギリシアの行政区画のこと。NOMOSはOIKOSの在り方を示している。最小単位とも言える。

そうやって考えてみると、僕たちは経済のことについて実は大きな勘違いをしているのかもしれない。つまり、「経済」とは語源にさかのぼれば「どうやって家計をやりくりするか」「住まいとはどういうものなのか」「僕が住むここでの共同体とはいかにあるべきか」を考え、実践する行為のことを指すのである。言い換えれば、それは社会を変えようとする行為のことだ。社会を変えるという行為、それを僕は芸術と呼ぶ。

あれ？　そうすると、芸術＝経済なんじゃないか？

こういうことを言うと芸術で起業するような話に聞こえるかもしれないけれど、それは全然違う。芸術で起業するということは、既存のお金を主体とした経済のなかで芸術をするということだ。それは、車を売っていたのを芸術に換えただけ。でも僕が考える芸術という行為は売れない。それは経済＝住まいとは何かを考える行為なのだ。

「芸術＝車」ではなく、「芸術＝経済」であるので、「芸術＝住まいの在り方を考える行為、共同体の在り方を考える行為」である。もっと細かく言うと、寝るとは何であるか、人と会話するということは何であるか、などを考え、実践すること＝社会を変えること＝既存の匿名化したシステムから離れ独自のレイヤーを見つけること。

そうやって経済について考えていった結果、見えてきたのは、経済自体にもレイヤーが存在するということである。そして、今、僕たちが信じこんでしまっている貨幣経済というのは、それらの経済の中の一つにすぎないということだ。資本主義経済も同じである。日本には資本主義経済も存在するが、路上生活者たちが「都市の幸」つまり僕たちが捨てたゴミを転用して実践している経済も存在している。

僕は「新しい経済をつくる」ことこそが、これからの生きのびるための技術となるのではないかと考えている。新政府をつくった理由もそれだ。

そして、僕が導き出した新しい経済の在り方、それが「態度経済」と僕が呼んでいるものだ。

すごく簡単に言えば、社会を変えよう、少しでもよくしようという態度を見せ続ける人間を、社会は飢え死にさせちゃまずいと考え、相互扶助を行い始める。僕がやっているのはこれだけだ。

僕は賞を獲ったこともないし、いらない。ギャラリーにも所属していないし、いらない。定期的にお金をくれる人もいない。給料なんかいらない。何かを買いたいという欲望がまるでないのだ。それよりも、社会に関わる。社会を変える行動をする。実践する。それぞれの人の良さをうまく活用する。そんなことを僕は自分の仕事にしている。

それは労働という名の仕事ではない。むしろ使命に近いものだと認識している。だから、お金のために動かない。お金を稼ぐことと社会を変えることを結びつけてはいけないのだ。しかし、それでも僕を飢え死にさせてはまずいと考えてくれる人からもちろん貨幣も獲得している。それで十分なのだ。

僕は専業主婦の妻と三歳の娘を育てて、家と仕事場を持っている。東京から熊本に避難したので、それまでの領域では仕事を得る機会も減っている。でも、生きてるよ。ひもじくない。むしろ、収入は東京にいた時の二倍になった。地方はかかるお金も少ないので、さらに余裕が出てくる。その余裕で、また僕は稼ぎにはならないと思われている新政府活動にいそしんでいる。何の問題も感じられない。

お金はみんなで楽しむためにある。僕はそう思っている。そのことに対しては使いたい。だから、みんなでご飯を食べたり、誰かをこちらに呼んだりすることだったり、人が集まるような催しを企画し、実現するときにお金を使うのだ。

それ以外に、お金を使うものがあるのか。

少なくとも僕には、ない。

態度経済のイメージ

僕がイメージしている態度経済というのは、たとえばこんな感じだ。

ただ人が歩き、話し、ハイタッチする。それで経済がつくられる。なぜなら、そこにはとても心地よい家や町や共同体があるからである。それだからこそ、人々が密接に交易を行うことができる。

人が向こうから歩いてくる。軽快なリズムでそれが気持ちよくて、なんかかっこよくて、風がふっと吹く。力を入れているわけでもなく、適当に、それでいてお金を稼ぐなんて一義的なことではなく、どうしたらもっとこの社会が楽しくなるのかを考えている。人がびっくりするようなとんでもないこと。それが態度経済。

つまり、生きること。これすなわち態度経済。

態度の世界では、あの人とあの人が知り合いということなど関係ない。態度というものは明瞭に知覚できるので、目的が共有できれば、即、全員同僚である。だから、いきなりお願いと頼めば、オッシャと言って、すぐに仕事が始まる。だって態度を見せているから。ずっと長い時間、態度を見せつづけているから。話し合う必要ないでしょ？　すぐに始まる。これすなわち態度経済。

ちょっとここで50万円足らないとなれば、まあそんな細かいこと気にすんな、それよりどうよ、もっとおもしろくなる方法を考えたんだけど、なんて言っていたら、次の日に300万円出す友人が現れて、もっとでかいことができるようになる。

この時、お金は友人である。絶対に君主のように付き合ってはいけない。従ってはいけない。一緒にハイタッチすればいい。

夢みたいな話に思えるかもしれないけれど、僕が見てきた路上生活のエキスパートたちは完全にこういう経済を回していたのである。

隅田川に十年以上住んでいる鈴木さんは、自分の家だけでなく、拾ってきた材料でまわりの人の家も建ててあげた。もちろん無償である。そもそも、人間の行為にお金を払うなんてことは太古の昔から存在していない。それよりも、あなたにつくってほしいと思われることのほうが重要なのである。

必要とされること、それこそが生きのびるための技術なのだ。必要な人が、もしも体調を崩したら大変だ。だから人は日頃から大事にする。それが人間関係である。必要な人というのは、別に何か専門的な技術を持っているのかどうかは関係ない。それよりも一緒にいたいと思う人のことを指す。子どもがそうだろう。子どもはただ育てるだけの面倒くさい存在ではない。いるだけで、その共同体に力が漲《みなぎ》るのだ。時折、子どもがヘマをすることもあるが、それはただむかつくことではない。それよりも共同体に豊かな笑いを提供するのだ。

このように、人間には言葉にできない、それぞれの才能がある。

それらをもっと高い解像度で認識し、共有し、助け合う。これが態度経済の基本的な考え方である。

つまり、当たり前のことを僕は言っているのだ。

何も新しい概念ではない。

当たり前のこととして助け合う

鈴木さんは家だけでなく、電気システムだってすべてつくってあげた。それまでは蠟燭《ろうそく》を使っていた人がスイッチ付きの電気が使えるようになる。もちろん便利になるということだが、それよりも鈴木さんは蠟燭の火でよく火事になっていたのを憂えていた。それを防ぐために行動したのだ。

普通、人間はある程度の距離に一緒に暮らしていたら、たとえ知り合いではなくとも、気になり、困ったら助け合うものである。それが普通。しかし、現代ではそんな普通なことをしたら、おせっかいとか、この人はおかしいと思われてしまう。僕が避難計画を実行したとき、新興宗教と思われたのもそれを如実に物語っている。

現代では人が無差別に集まったりすると、新興宗教と思われてしまう。これはおもしろいことだと思った。今は、人が何の目的もなく集まったりするところがまったくないのである。新興宗教と人は馬鹿にするが、僕はこの体験以降、まったく馬鹿にできなくなった。それは必要だから存在しているのである。

こうして、鈴木さんのまわりにはコミュニティができていった。かと言って、強い絆で結ばれている共同体というわけでもない。ヒッピーのコミューンともまた違うような気がする。それぞれ信条は違う。だけど、助け合っているのだ。当たり前のことをやっているだけだ。

しかし、自分が暮らす家を建ててもらったという体験は、他の何物にも代え難いようだ。それ以降、鈴木さんは本当に困ることがなくなったそうだ。必要なものは瞬時に、まわりから集まってくる。ご飯も、コンビニ弁当がどんどん支給されてくる。紅茶が飲みたいなら紅茶が、珈琲なら珈琲が、カラオケをしたくなったら、誰かがカラオケセットを拾ってくる。

こうして、鈴木さんは知覚した。

「東京の路上には手に入らないものがない」

と。もちろん、これは彼一人だけでは不可能だ。しかし、技術の交換、徹底した贈与によって生み出された隅田川コミュニティでは不可能なことが何一つないのだ。それぞれがそれぞれの才能を生かし、その人独自のゴミを宝物のように拾ってくる。

鈴木さんは無意識に態度経済を行っていた。しかも、それは東京という資本主義経済が蔓延していると思われているところで実現していたのだ。

僕はこの鈴木さんの「生きる」という行為そのもので新しい経済をつくり上げているその生き方を、経済そのものだと思い、かつ芸術そのものだと考えている。

家もお金も何もいらないという態度

もう一つ、興味深い話がある。

新宿東口に佐藤さんという野宿者がいる。彼の場合は家も建てていないので野宿者と呼ぶことにする。彼の態度経済もかなり高度なものだ。彼の場合は、自分のこの世界への態度を、僕たちとまったく正反対にすることによって、新宿という街をまったく別のまるで資源豊かな密林のような空間として捉え、生きることを実現させている。

彼はもう二十年近くいわゆる「乞食」をしていると言った。つまり、鈴木さんと違い、

まったく働かないのだ。何もしない。家も建てない。お金も持たない。何も必要ないと言う。なぜかと聞くと、

「新宿には何でも実っているからね。それをつまんでは食べたりするだけだよ」

と言った。生きる態度を変化させれば、新宿というお金がなかったら生きていけないような街がジャングルに見えるのだ。

彼は新宿駅構内を寝床にしているという。そもそもそんなにぐっすりと寝ないそうだ。猫のように、街のいたるところでちょこちょこと昼寝をしているらしい。そちらのほうが自分の体に合っているとのこと。だからまず、彼には家がいらない。家がいらない人はホームレスと呼んでもいいのだろうかと僕は悩む。むしろ、絶対に家が必要であると何も考えないで思いこんでしまっている僕たちのほうがおかしいように思えてくる。

食事はどうするのか。彼は居酒屋がたくさん入っている雑居ビルのいくつかが、廃棄した食材を持っていってもいい環境にあることを知っている。どこの居酒屋でどんな材料が捨てられるかを熟知しているのだ。魚や肉も容易に集まるという。

寝床と食事は何も問題ない。すると、彼は、

「これ以上に欲しいものがないから、これで終わりなんだ」

と言った。つまり、実は家もお金も何もいらないという態度で生きることも、ここ日本

では可能なのだ。生き方自体を完全に変化させる。これも態度経済の一つの形だと思う。都市にはいろんな生き方が包含されていることに気付こう。

さらに、彼は興味深いことを言った。それでもやっぱりお金が必要だと言うのである。やっぱりそうか、と僕は逆に安心した。ところがそこで、なぜお金が必要なのかを聞いた僕は、さらに驚いてしまったのだ。

彼は毎日、自動販売機に手を突っ込む。それで毎日、決まって500円稼げるそうだ。何もお金で買わなくとも十分であるはずの彼は、そのお金で何を買うのか。

「コカコーラだよ」

彼は即答した。酒も煙草も乞食ならやってはいけない、人生は酩酊してはいけないという信条に従って嗜好品ですら興味がない彼であるが、なんとコカコーラだけはやめられないという。しかもコーラは路上に落ちていないそうだ。あそこの会社は徹底していると降参している様子。

つまり、その500円というお金は、万物と換えられる貨幣ではなく、ただのコーラチケットなのである。これには僕は衝撃をおぼえた。貨幣がどうのこうのと考えていた僕の横で、佐藤さんはこの鉱物である硬貨が貨幣であるという概念を変化させたのだ。ただのコーラチケットだ、と。お金がない＝生きていけないのではなく、お金がない＝コーラが買えないということになる。

コーラが買えなくても、死にはしない。ちょっと淋しいけどね。

そんな態度経済の在り方もある。

交換ではなく交易を

態度経済は貨幣経済と決別するわけではない。ただそれは匿名化したシステムとはまったく別のレイヤーにあるものだ。もっと抽象度の高い、かつ具体的な経済感覚である。

態度経済というのは、通貨というような物質によって何かを交換する経済ではない。交換ではなく「交易」するものだ。交易。つまり、そこに人間の感情や知性などの「態度」が交じっていることが重要だ。ただの交換ではないのだ。

いつもイメージするのは、中世の町にできた市《いち》でのワンシーンである。二人の商人がいる。一方は金《きん》、一方は黒胡椒を持っている。黒胡椒と金、この釣り合いのとれなそうな物同士を昔は、交換していたのである。どうやっていたのだろうか。金を持っている人間のほうが見た目も綺麗だし、強そうだ。交渉は難航するはず。

しかし、黒胡椒商人は、持っている黒胡椒をまずその金商人の前に持っていき、匂いを嗅がせる。さらに潰して芳醇な香りを嗅がせる。黒胡椒という芸術の力に屈しそうになった金商人は、是が非でも欲しくなる。でもそんなに簡単に金は渡せない。金は誰にでもわかりやすい価値を持っている。

そこに黒胡椒商人はとどめをさすかのごとく、フライパンにオリーブオイルを垂らし、火をつける。そして生肉を焼き始める。上から、潰した黒胡椒をかけたら、もうそれで勝負がつく。

金商人は持っていた金すべてと黒胡椒を交換した。

そんなお互いの身振り、手振り、話し方、目の輝き、持っているものの価値、それらが合わさった状態での交換。それを僕は交易と呼んでいる。これからはこの交易による態度経済が必ずや、新しい経済の柱になる。

僕はそれを新政府活動を通して実感した。

交易をするには、インターネットでだけ行動しても駄目だ。交易には人間の体が必須なのである。だから、態度経済は必然的に移動を促す。人と人との直接的な出会いを促す。もちろん、それをつないでいるのはインターネットでもいい。しかし、人と人が直接出会う中で、お互いの才能という貨幣を身振りを使って交換する。

僕は今、仕事を東京だけでなく、熊本でも行っている。東京では出版などのメディア関係の仕事、熊本では新政府活動をもとにした行政関係の仕事、カナダ、バンクーバーでは現代美術のフィールドで活動している。稼ぎはバンクーバーが一番多い。ナイロビでも動いたし、最近では僕の新政府活動そのものを演劇としていくつかの欧州の国が捉えており、そちらではパフォーマンスアートとして受けとられている。地価が高騰し、バブル中のシンガポールでは、生活費のかからない生活を実現する建築家として呼ばれた。こうして交易を行うと、自分というものの捉えられ方が地域によって、ずいぶん変わってくることに気付く。それはすべて自らのさらなる可能性の萌芽なのだ。

態度は、作品とは違う。だから紋切り型の捉えられ方をする危険性がない。本を出したら、本しか読まれないが、その人間は本の執筆だけをしているのではない。もちろん、思考の切片としての作品や商品も必要だが、それらのものがどこからわき出してきているのかを、つまり生きる「態度」を移動しながら見せ続け、自らの生活の在り方を考えていく。

それが新しい経済をつくる、というこれからの生き方だ。

頭の中に都市をつくる

態度はどのようにしてつくり出していくか。もちろん、これは生きる姿勢なので、自然とわき上がってくるものではあるのだが、さらにそれをうまく可視化するために僕が行っ

ているのは、

「頭の中に都市をつくる」

という行為である。「思考都市」とでも呼ぼうか。自分の様々な思考、志向、嗜好、試行をもとに、都市計画家のように自分の頭の中で実際に都市をつくっていく。そして、人と交易しているときには、その思考都市に招き入れて、対話を行うのである。ちょっと変な話だが、僕は実際にこうやって仕事をゼロからどんどんつくり出している。

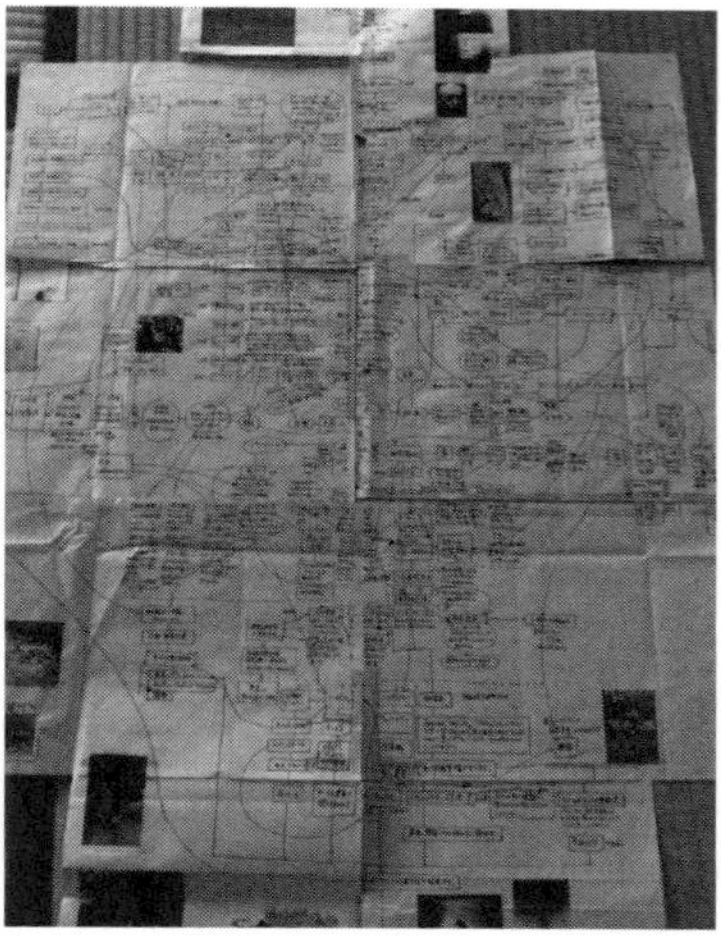

僕の思考都市2005年版

僕の幼い頃の体験がやはりもとになる。しかし、それだけではない。大学時代の恩師、石山修武の建築の考え方、そして一九六〇年代にヒッピーたちが建てていたフラードーム、六〇年代つながりで、フラードームを紹介していた『ホールアースカタログ』という雑誌をつくったスチュアート・ブランド、ジャック・ケルアックの書いた小説からソローの『森の生活』という僕の中での「経済文学」。それらは鴨長明ともつながる。さらには南方熊楠の南方曼荼羅の空間の捉え方と、一九〇〇年代のポアンカレなどを中心にした四次元というアイデア、ピカソにジャリ。レーモン・ルーセルという詩人と、小さい頃に観た子ども劇との関連性。などなど。

自分の持っているあらゆる思考の断片をもとに頭の中に都市空間をつくっていく。

僕にとっての他者との会話とは、このお互いの思考都市を旅し、交易するということである。

2　学校社会と放課後社会という二つの世界

放課後の土井くん

なぜ態度経済という言葉を思いついたか。これには僕がこれまで体験してきた住まいの在り方、生活の在り方、共同体の在り方が強く影響している。つまり、僕にとっての経済体験が「態度経済」という考え方を生み出した。その経験を思い出せるかぎり幼い頃からさかのぼってみたい。

小学校一年生の頃、土井くんという友達がいた。彼は勉強は全然できなかったけど、工作がとんでもなくできた。だから、夏の工作の課題ですごいものをつくってきた。それは、レールを伝っていった1円、5円、10円、100円、500円がそれぞれの大きさの穴が開いた場所に落ちるようになっていて、その硬貨の重さで箱の中に入るとデジタルの電光掲示板が光り、合計金額が示されるというものだった。

僕は衝撃を受けた。僕がつくったのはお菓子の箱を組み立てたアナログロボット。そのあまりの構造的な違いに、僕はショックを受け、落ち込んだ。自分は本当に浅はかな人間だなあ、もっと根源的な工作をしたいなあと憧れた。

でも、土井くんは学校の勉強は得意ではなかった。だからそんなにすごい工作をつくっても、「学校社会」での評価はまあまあだった。その評価は僕にはおかしく見えた。土井くんは「放課後社会」でしっかりと生きていたからだ。

やっぱり本領を発揮すべきは、休み時間であり、放課後であり、家に帰ってからの作業じゃないのか。そこで、僕もクオリティの高い作品を放課後につくることを決めたのである。

こんなふうに、わかる人間にはわかる土井くんの信頼度が、僕にはとても価値があるように見えた。それは揺るがない価値であった。テストの点数が悪かろうが、粗相をしようが、何も揺るがない。あのデジタルロボット式貯金箱をつくった土井くんという価値はそれぐらい光っていた。

学校社会と放課後社会

その時、僕が感じたのは、この社会にはどうやら二つの世界があるらしいということだった。みんなが同じことをやらされる「学校社会」と土井くんが本領を発揮する「放課後社会」。その二つが学校の中で織りまざっているように感じた。

僕は物好きなので、この二つのレイヤーを意識しながら生活してみることにした。学校社会も馬鹿にできないと思っていた。それは無意識によって匿名化したレイヤーである。ザ・システムである。学校はみんなに同じ物を提供する。それはクリアすれば評価されるゲーム型の社会である。ゲームだから例外はない。

だから、勉強というものをやってみた。ゲームはゲームでやってみればおもしろいものだ。教科書に書いていないことはテストに出ないので、教科書を丸覚えすればいいのだろう。僕は勉強をそういうふうに解釈していた。だから毎日教科書を朗読しては赤ペンで消してすべて記憶した。学校社会はそれでたいていうまくいく。

同時にもう一つのレイヤーである放課後社会にも手を出した。僕は一年生のころから文房具たちを主人公にした「モノモノくん」という子ども部屋で繰り広げられる密室劇を漫画化し、それではちょっとスウィートすぎるのでキン肉マンをパクッた「マッスルマン」という硬派なやつも描いた。こそっとエッチな漫画もね。

それは毎週描かれ、溜まってきたら、ジャンプの一歩手前という意味で「ホップ・ステップ」という名前の増刊雑誌にまとめた。束が増えていくのが嬉しかった。一番はじめが出版だった。もちろんすべて鉛筆描きでホッチキス留めの簡易なものだ。こちらは丸覚えの世界ではない。自分でつくり出さないといけなかった。

サンリオグッズも真似して「サカリオ」と名付けて製品化していった。キリギリスや孫悟空を主人公にしたキャラクター、それらの便箋セットや下敷きをつくっては女の子たちに売りさばいていた。すべてスタイルはまったくの模倣なのだが、自分でつくるのには興奮した。こういう毎日が続けばいいと願った。合間に学校社会の宿題をしながら。

その流れでファミコンを紙に落とし込むという作業も始めた。ドラゴンクエストとチャイルズクエストを足して二で割ったようなＲＰＧ。これが無茶苦茶ウケた。そして僕は自分がファミコンのハードディスクになったような気分になった。俯瞰することが癖になった。

家に帰ってきたら弟と二人で野球をして、その対戦記録を書いてリーグ戦みたいにした(『TOKYO一坪遺産』参照)。二人で巨大な野球社会を演じるのは楽しかった。これは後に、ビートニクの小説家ジャック・ケルアックや阿佐田哲也さんもやっていたと知って、テンションが高まった。みんな社会をつくりたいんだと思った。

新聞係になったらなったで、学校社会での新聞づくりに嫌気が差して、一人で勝手に新聞をつくりはじめた。もちろん連載小説も自分で書き、その中の挿絵も自分で描いた。

そして最終的に結論にたどり着いた。放課後社会こそが僕が生活していたい社会なのだと。

しかもこの放課後社会は、単一の学校社会と違って、おのおの違う社会の在り方がある。土井くんと僕は同じ放課後社会の仲間だが、目指している社会は違う。でも共存し合える。一方、学校社会は雑で単純でつまらなかった。

放課後社会は無数にある

もしかしたら僕は小学生の時に、もうすでに今書いているようなことをやっていたのではないかと思っている。

社会がレイヤー構造を持っていること。無意識が集合して匿名化したレイヤーが唯一のレイヤーであると勘違いしやすい構造になっていること。自分だけのレイヤーをつくることの重要性。そんなことをぼんやりと感じていた。

独自のレイヤー（放課後社会）があると新しい仕事をつくりやすくなる。漫画雑誌をつくっていた僕は、新聞係から謀反を起こして一人で新聞をつくっても、文句を言われなかった。新しいファミコンカセットをなかなか買ってもらえなかった僕はみんなの話についていけないが、自分でゲームをつくっちゃうのでそっちに巻き込めた。

かといって、学校社会がすべて悪いと言っているわけではない。人間が集まって生きるにはある程度のルールは必要で、法律だって必要である。みんながクリアしなくてはならないゲームのような課題だって必要だし、ゲームだからクリアしようと思う人間もいる。僕も学校社会はつまらないが嫌いではなかった。

だから、僕は今、新政府のことを考える時、この小学校時代のことをよく思い出すのである。学校社会と放課後社会。この二つをちゃんと認識しながら生きていく。しかも、学校社会はたった一つだが、放課後社会はそこで暮らす人の数だけ存在する。レイヤーは二つだけではない、レイヤーは無数にある。

学校社会は、何度も言うように無意識の世界である。匿名化したレイヤー。これが社会システムのことだ。都市に張り巡らされたインフラのようなものと言ってもいい。それと有意識のレイヤー、それぞれ独自の多層なレイヤーがミルフィーユ状に折り重なっている状態。それが僕たちが生きている世界である。

つまり、僕たちが哲学者カントの言うような「未成年」状態を抜け出し、無意識の匿名化した社会システムレイヤーを認識し、ちゃんと区分し、独自のレイヤー同士を交易させながら、社会を形成する。これが僕にとっての「新しい経済（共同体の在り方）」である。既存のシステムを転覆し、変えるという話ではない。意識の幅を拡げる作業である。

今、ひきこもりの人や登校拒否の人がいるのは、無意識の匿名化した社会システムレイヤー、つまり学校社会がバランスを崩して大きく肥大してしまっており、人々がそれしかないと勘違いしているからだ。ひきこもりの人は独自のレイヤーを発しているのに、多層性を認められない社会が硬直している。

硬直した社会をどうすれば柔らかくできるか。それはリラックスしてもできっこない。考える。これしかない。考える社会。考えた後にリラックスしてみよう。無茶苦茶気持ちいいはずだ。新政府は徹底的に「考える革命」を起こしたい。Revolution of Thinking!

匿名で交易はできない

学校社会から放課後社会へはジャンプできない。学校社会は人間が集まって暮らすには必要な要素である。それに対して、放課後社会は完全に個人の領域だからだ。でも、放課後社会どうしはジャンプすることができる。これが僕が考える交易だ。学校社会上では交易することができない。交易は匿名下では不可能なのである。

今の状況を見ていると、どうにかして学校社会自体をぶっつぶして新しい社会を形成しようと試みている人が多いように感じる。しかし、それは不可能なことだ。なぜなら、学校社会は個人の領域ではないからである。それは無意識だから。他人の見る夢なんて改変できっこない。

学校社会は変わらない。変えられるのは放課後社会とのバランスだけだ。

学校社会は消せないけど、認識を変化させることはできる。それが「考える」という行為。学校社会が無数の中の一つのレイヤーであり、唯一の無意識領域のレイヤーであることがわかれば、もっとうまくバランスが取れる。そのためには自分の放課後社会の風景を拡げる必要がある。

そんな感じで、ずっと学校では考えていた。でもなかなか学校社会からの脱却はむずかしい。

大学を選ぶ時も同じようなレイヤーを感じていた。僕は建築家を目指していたのでもちろん建築学科に行きたかった。そうすると学校社会ではまず一番いいところが東大で、京大に早稲田になんとかかんとか、とかなるわけである。学校社会の中では情報がそれしかない。大学にどんな先生がいるかも知り得ない。何もわからない。

わかるのはそれこそ偏差値だけである。考えなくていいというわけだ。考えることを拒否される。

態度で「裸の情報」と接する

しかし、こちらは多層レイヤーの住人なので、そりゃおかしいだろうとなる。でも学校では駄目なので、外に出るわけだ。そういう時には図書館に行こう。図書館には無作為にすべての情報が等価に存在している。だから自分の考え、態度が生きてくる。自分なりの選択が重要になってくる。

この時、僕は図書館で建築雑誌を片っ端から読んだ。この無作為な羅列がとても重要である。これは自分の態度しかきっかけにならない。態度は「裸の情報」と接することができる。それで全部見たけど全部つまらなかった。もう一度見なおしたら、ひとりおもしろい人を見つけた。

その人は石山修武という人で、すごい建築をつくっていた。学校社会レイヤーからではない情報。そこに自分独自のレイヤーへの道がある。というわけで彼が教えている早稲田大学建築学科を志望した。偏差値的にはまったく届かないのに、である。しかし、幸運なことにちょうど指定校推薦が舞い込んできた。しかも、学校社会レイヤーのまわりの人たちは、東大や京大が目的なのでそれに気付いていなかった。ということで応募数もほとんどゼロ。そんなわけで僕は無試験で受かってしまった。

でも僕は受かる前から、落ちてもどんなことになっても別にかまわないと考えていた。つまり僕はそこで落ちようが試験で落ちようが、固有の人物を知っている。師事すべき人をもうすでに獲得しているので、どうせ試験で落ちたって上京して、その人の研究室に潜り込めばいいし、講義なんか簡単に受けられるし、むしろそうやって学んだほうが経験になりそうだと思っていたので、入試なんてどうでもよかったのだ。

このような行為も、僕は態度経済だと思っている。別にお金を稼いでいるわけではない。でもこれは態度経済なのだ。経済とはお金の稼ぎ方のことではない。それは共同体の在り方、自分が住む家の在り方、生活の在り方、つまりそれは生き方のことを指しているからだ。

態度を表する前に、僕たちはまず認識しなくてはならない。知らないといけない。カントは「知る勇気を持て」と言っている。そして、知ったらその自動的な匿名化したレール上の電車から降り、自転車に乗り換えなくてはならない。その自転車は初めて乗るので当然ながらコケる。乗り方を覚える必要がある。

自転車で三回コケても凹《へこ》んではいけない。今、ほとんどの人が自転車に乗ることができる。コケたから乗れるのだ。しかし、どうやって乗れるようになったのか、もしくは乗れなかった時のことを思い出せる人がいるだろうか。そんなのとっくに忘れている。慣れれば、できなかった自分ですら忘れてしまうのである。もちろんこのレイヤーには「考える」という行為が必要だ。

ただ、何度も言うように、学校社会、つまり無意識の匿名化したレイヤー、つまり社会システムは絶対に忘れてはいけない。このレイヤーから逃れたいと希求する人もいるけれど、それはとんでもない話だ。これがあるから社会は成り立っている。つまり、これは地面のようなものだ。アスファルトです。アスファルトになってしまっているので、息苦しいのだが。本当は社会システムもアスファルトを壊して、ぼこぼこの土のようになればいいのだと思うが、なかなかそうなるのは難しいだろう。

地面に這いつくばっていても駄目だ。歩みは遅いし、風景を見ることもできない。だから、自転車にでも乗って、自分なりの方法でその無意識世界を有意識でもってドライブする。その自転車が放課後社会、独自のレイヤーである。自転車で次の町に行く。人とツーリングする。衝突する。これが交易だ。

無署名のお金と署名入りのお金

大学に行った僕は学校社会の中に存在している。その無意識にいながら、それを認識し自分のレイヤーをつくって提示する。この作法で動いてみた。態度経済実験期である。学校社会の中で独自レイヤーを提示する。これはつまり、出された課題でその後もずっと提示できるような作品をつくるということだった。単純すぎて少し幼稚なアイデアではあったが。僕の学生時代の作品などについてはこれまでの著作で触れているので、ここでは割愛する。

大学を卒業した後のヒルトンホテル東京でのバイトもそうだった。僕はマーブルラウンジという一階ロビー横のラウンジでホールのバイトをしていた。注文を受けて、お客さんに持っていく仕事である。バイトはとっても嫌なのだけど、僕は人に会うことは好きだったので、意外と好きな仕事であった。

ホテルという場所も好きだった。ホテルという存在自体も実は態度経済である。だって、そのホスピタリティに対して、滞在したい、お金を払いたい、と思うのだから。

ここは喫茶店と言っても、ホテルのラウンジだから、ただ珈琲を飲ませるわけではない。僕はどんどんそう解釈していって、とにかくお客さんが楽しんで和めば、全部オッケーと思うようになっていった。そうやっていたら、ずっとヒルトンの部屋を借りて住んでいた未亡人に気に入られたりする。

そのうちに給料とは別に、やたらとチップをもらうようになり、一時期は給料と同じくらいチップをもらうまでになった。その時の時給で換算された僕の月給25万円と、お客さんからもらったチップ25万円、この二つのお金がすごく気になった。どちらも同じ25万円だけど、やっぱりそれは歴然と違う。

月給のほうは、誰からもらったかわからない労働の対価としての「貨幣」である。チップはもらった時の背景やその人のキャラクターなどがオーバーラップして紙幣を彩っている。それはどこにでもあるお金とはちょっと違っていて、署名入りのお金だった。署名入りだから、それは芸術作品みたいなものだ。

僕はもしもお金を稼ぐなら、署名入りのその人の作品のようなお金を手にしたいなあと思うようになっていった。これは後に自分の絵を売るようになってから、実際に実現することになる。学校社会やバイト社会などの匿名化したレイヤーには、このように自分のレイヤーをつくるうえで重要な情報がある。

服を着た情報と裸の情報

情報には「服を着た情報」と「裸の情報」がある。

人はついつい「服を着た情報」に流されやすい。僕の場合、すごくオシャレな服を着ている女の子とお酒を飲んでいても、話があんまり刺激的ではない、ということが多い。それは「服を着た情報」をブリコラージュしたオシャレにすぎない。まあ、そんな表面的なことに惑わされる僕が悪いのだが。

「服を着た情報」とは、読んで字のごとく服を着る、つまり人に見られることを前提としたものなので、「他者に迎合した情報」なのである。もちろん、それは見た目にはとても心地よく、いろんな人ともうまく付き合える力を持っているが、「社会を変える」作用はない。

「社会を変える」という作用は、他者に迎合した状況では不可能である。他者がすでに認識しているということが、迎合のベースになるが、それでは社会を変える、視界を拡げるという行為はもちろん行えない。しかし、「服を着た情報」はうまく立ち回るので、このあたりを人は誤解してしまう。

かといって、誰も理解できないようなことを無茶苦茶にやればよいのかというと、それも違う。先述したように、学校社会、つまり無意識の匿名化したレイヤーに僕たちはもうすでにいるのだから、ここを無視してはいけない。しかし、迎合してはいけない。このバランスを取ることが重要になってくる。

「社会を変える」などと言うと、これも先述したように、既存の社会をまったく別のものと取っ替えるという意味で受け取られることが多いが、これも違う。「社会を変える」ということは「社会を拡げる」ということである。独自のレイヤーを見つけるだけでは駄目で、それをもとに交易すること。これが社会を拡張する。

社会を拡げる。「裸の情報」を自らの方法で解釈し、独自のレイヤーをつくり、それをもとに交易させる行為。この過程に、態度経済は潤滑油のように沁みわたる。それは新しく何かモノをつくり出す行為ではなく、人々に考えることを促すことによって起こる。その人が生きていることが他者に考えることを促す。

裸の情報とは何か。裸の情報は服を着た情報の服を一枚ずつ剝いでいくことで見えてくる情報のことを指している。

先ほどの話で言えば「高校を卒業したら大学に行く」「大学は東大が一番、京大が二番である」「大学に行くために入試を受ける」といったものが、服を着た情報なのだ。それらは何も人々を脅かさない。社会とはそういうものであるという既成概念によって、みんなの無意識によって構築された強い構造体を持っているように思えてしまう幻である。

それらを一枚一枚脱がせていって、裸の情報と接しなければいけないのだ。そこに「考える」という行為が隠されているからだ。そのことに気付かないうちは、自ら行動し、新しい経済をつくりだすという思考にはなることができない。

つまり、情報の服の脱がせ方、それがその人の態度となる。

どこを許容し、どこに納得がいかないのかが一目瞭然だからである。

僕の場合で言うと、それらの服を着た情報を「なぜ大学に行く必要があるのか」「なんでただ学校の成績がよいだけで大学の良し悪しが決まるのか」「なぜ人は大学名だけで自らの進路を決めるのか」などと考えることで、少しずつ服を脱がせていく。

そして、大学を選ぶ前に、まずは「自分がどのような建築家になりたいと思っているのか。そのモデルとなるような人間を探さないといけない」という裸の情報と出会ったのだ。

情報との向き合い方、服の脱がせ方、脱がせっぷり、これらにはあなたの態度が深く関わってくる。そして、それは同時にその人の「思考」の度合いを如実に見せてくれるのだ。

情報は裸にしても警察には捕まらない。どんどん脱がせていこう。

3 実録・僕の態度経済

僕は最初から態度経済だった

二〇〇四年、二十六歳の時に僕は生まれて初めて本を出版した。それまでも作品はつくっていたが、実際に社会に自分の考え方を表明したのは、これが最初である。僕の中ではこのときからずっと自分の仕事に対する態度は変わっていない。そこで、まずはいかにして本を出版するようになったのか、どんな方法論で仕事を進めていったのかを書いていくことにしよう。態度経済がどんなものになるのかを、具体的に説明できるのではないかと思っている。

二〇〇一年、僕は早稲田大学理工学部建築学科を卒業した。もちろん、就職活動はしていないので無職である。無職というよりも、僕は独立していると考えていた。これからは、いよいよ自分の考えていることを社会に対して表明し、生きていくんだと思っていた。

しかし、方法がわからなかった。僕にはツテもなければ、一体自分にはどのような仕事が一番合っているのかさえ把握していなかった。建築家と名乗って建築物を建てることはハナから考えていないし、かと言って思考を書籍にするということも、当時の僕にとっては現実的ではなかった。なんせ技術がないのである。僕は大きな夢を持ってはいたが、それをどうやって具現化するのかということについては、答えが見つからない毎日を送っていた。

もちろん、自分の仕事では収入はゼロ。僕は築地の青果卸店でバイトをしながら、悶々《もんもん》と日々を過ごしていた。手には路上生活者の家を調査した手製のハードカバー二百ページの本を持っていた。この本は、卒業論文として提出し、研究室の中では一番の評価を得たものだ。僕は卒業論文を書く時に、いろんな論文のフォーマットを見せてもらって参考にしようと思ったが、どれも人に読んでもらおうという意識が薄く、まったく魅力を感じられない。だから、写真集などを見て研究していた。どこに持っていっても自信を持って見せられる、それこそ、今すぐにでも出版したいと思わせる本をつくることを決め、実践することにしたのだ。

そして、大判の現代美術の写真集のようなものをつくった。一枚一枚ケント紙の上に、セブンイレブンでカラーコピーをした写真を編集して貼り、写真の下にはそれぞれキャプションを付けた。ページは数字の判子を押す。こうして、卒業論文とはとても言えないが、誰が見ても衝撃を受けるような「作品」をつくった。ここから僕の仕事は始まっていた。

わからないことは得意な人にまかせる

築地でしばらく働いて、落ち着いてきた頃、僕はこの卒業論文を出版することを考えた。しかし、僕には知り合いの編集者などいない。出版社の名前もほとんど知らないような状態であった。そこで本屋で調べようと思うのだが、僕は門外漢なのでまったくわからない。

そこで、どうしたか。

僕は自分が知る中で最も本について詳しい人を探すことにしたのだ。得意なことは得意な人に依頼するのが一番効率が良い。そう思っていた。当時から、僕は本や音楽などを他人が選ぶものからしか、選択しなかった。自分の選択眼のなさをよく知っていたのだ。勘はいいが、選択は下手。それならば、本が得意な人に売り込みをする出版社を決めてもらえばいいじゃないか。

高校時代の同級生の女の子がよくいろんな本を読んでは僕におもしろいものを教えてくれていたので、僕の本を見せて、どこがいいか選んでもらうことにした。こういう時は作品を見せて、後は一任し、それを信じる。これがそれ以降の僕の仕事のやり方の方法論になる。まさに、彼女は新政府出版コーディネイト大臣だったのだ。

しばらくすると、彼女が一つの答えを出した。

「あなたの本は、リトルモアという出版社からしか、おそらく出版することはできない」というすごくシンプルなものだった。それなら話が早い。僕は早速電話をかけた。しかし、時は出版不況。どこの馬の骨かわからない無名の人間の写真集を、しかも路上生活者の家の写真集を出してくれるわけがない。電話をしたものの、反応はほとんどないまま、切られてしまったのである。

しかし、諦めるわけにはいかないので、もう一度電話をかける。ここしかないと友人に言われているので、仕方がないのだ。僕はこの友人の直感だけによって、ふたたび電話をかけた。すると、今は年末でとにかく忙しいから付き合っている暇はないと再度言われた。そこで、いつだったら時間があるのかを教えてくれと言った。友人にリトルモアからしか出版されないと言われているので、ぜひ見てほしいとも。

すると、年明けは幾分時間があるので、その時に来てくれと売り込みの日程が決まった。

そして持ち込んで、すぐに出版されることが決まったのである。それから本当に出版されるまでには一年以上かかったのだが。

出版社との契約交渉

本の出版なんて初めてなので、僕はどうしたらよいのかまったくわからなかった。写真を撮っている友人がいたので話を聞いてみると、写真集はコストが高いので、なかなか出版されることがないという。だから、著者が半額折半して出版していることも少なくないとのこと。それは、僕はやりたくなかった。そのような態度の出版社では、絶対に必死に売ってくれないし、気に入ってもらったならば、最大の協力をしてもらわないと、敬意を払ってもらわないと駄目だと考えた。

リトルモアは僕の作品を気に入ってくれていた。同時に僕自身も気に入ってくれていた。社長の孫家邦氏は、僕に「お前はいつかきっと偉くなるぞ」と言ってくれた。もちろん、僕自身もいつかきっと素晴らしい仕事をすると思いこんでいた。

僕は出版は初心者であったが、心はすでに新政府総理大臣であった。だから自分を安売りしては駄目だと感じていた。契約も出版社と上下関係になってはまずい、同等の関係を結ぶ必要があると思っていた。

出版社からの提示は、オールカラーの二百ページだと印刷コストがかかるので、値段が

3300円になる。それだとなかなか売れないので、こちらとしてはかなりリスキーだと言われた。僕は少し考え、ここで印税が下がってしまったら、自分と出版社の関係が同等ではないと判断した。

友人に聞いたところによると、写真集はコストがかかるので印税が出版業界で一般的な10%ではなく、6%ぐらいになるとのこと。それもまずい。普段通りにやらないと駄目だと思っていたからだ。

そこで、こう言った。

「僕は初心者なので初版の三千部の印税は0円でいいです」

こういう時は先に手を打つのが鉄則だ。僕は出版を決めてくれたお礼ではないが、初回の印税、約90万円分をいらないと伝えた。どうせ、もともと僕にはリスクがない。出版されるだけでもありがたいことだ。

しかし、これは初心者の考えである。初心者の考えで契約したらずっと初心者のままだ。それではいけない。そこで、僕はさらにこう付け加えた。

「ですが、もしもこれが売れたら、二版目からは印税を10%にしてください」

それには社長も承諾してくれた。お前は偉くなると確信してくれた人である。すぐにわかってくれたのだ。

「引くわけにはいかない」戦法

こうして、僕は初回印税を0円にすることで、自分の態度を保持したのである。これは僕にとっては重要な契約の仕方である。

印税が0円であるということで、さらに僕の要求は通りやすくなっていた。僕はこの本は日本だけでは売れないと判断していたので、英語訳をつけて、海外にも流通させたいと考えていた。そこで、印税が0円になったついでに言ってみる。常に自分の作品は、いつか世界中で読まれるという確信を持って臨んでいた。そこまでのものじゃないと出版しても意味がない。

しかし、出版社は曇った顔をした。それもそのはず翻訳というのはもちろんお金がかかる。二百ページ分の翻訳をしたら膨大な制作費がかかってしまうので無理だと言われた。ここで普通は諦める。しかし、僕の場合はいつかきっと世界中で読み継がれていくという妄想のような確信があるので、引くわけにはいかない。

僕はこの「引くわけにはいかない」戦法をよく使う。戦法とは自分に対する戦法である。人間というのはすぐ簡単に諦める。それは疲れるからだ。しかし、それでは自分の使命なんか全うできない。自分というものを操作する必要があるのだ。だから引くわけにはいかない状況をつくり出す。

そこでいくらだったら出せるかを聞いた。出版社だって翻訳までできるならやりたいと思っているはずだ。すると、5万円という驚きの小さな数字が出てきた。

そこで、どうしたか。

僕はにっこり笑って、その5万円をもらって、そそくさと外に出て行ったのである。つまり、自分で翻訳家を見つけてくればいいと判断したのだ。幸運なことに当時、一つ下の弟が青山学院大学の仏文に通っていたので、絶対に翻訳家になりたい人がいるはずだと確信していた。弟に電話をし、

「翻訳家になりたい英文科の人はいないか。ギャラは5万円。そのかわり、本にはクレジットをする。当然海外にも流通する。二週間ほどで完成してもらう必要があり、ネイティヴチェックまでできるとなお良い」

と条件を伝えた。心当たりがあるそうで、すぐに聞いてもらった。返事は、やりたいとのこと。こうして、数日で5万円で翻訳してくれる人を見つけたのである。なんでも自分でどうにかしてきた僕としては、それがこの出版社というガチガチのシステムの塊のようなところで実現したのは希望になった。

自分で海外営業

まだ話は終わらない。印税0円のおかげで翻訳までつけることに成功した僕は、さらに海外営業まで自分に任せてほしいとお願いした。これには出版社もびっくり。もちろん、航空チケット代の話になる。しかし、これは営業を兼ねてはいるが、僕としてはいろんな国に行く機会だとも捉えている。つまり、チケット代は自腹で行く。だから、勝手にやらせてほしいとお願いをした。

さすがに自腹で行くならと出版社も受け入れ、僕は本を持って、すぐにパリに飛んだ。パリの芸術系、建築系の本屋はすべて回った。ポンピドゥー美術館なども回った。そこでいろんな人の反応を体感することができた。自腹で旅行するのではなく、仕事をする。こんな楽しいことはない。目的がある。反応がある。新しい出会いがある。僕はどんどん突き進んでいった。ロンドンにも顔を出した。

さらに、パリでは美術展のキュレーターの人とも出会い、なんと展覧会に出品することまで決まったのだ。日本だと有名じゃないとなんでもうまくいかないが、欧州では逆に無名のちょっと刺激的な人間のほうが重宝されることを知った。その後、一度帰国して、さらに世界で一番大きな本の見本市「フランクフルトブックフェア」にもまた自腹で参加。印刷をしてくれた凸版印刷に本の陳列を依頼し、僕は走り回り、いろんな流通会社と対話をしていった。

おかげで最終的にはニューヨーク近代美術館ＭｏＭＡなどにも置かれるようになり、それがもとで、カナダ・バンクーバー州立美術館での個展まで決まった。日本では出版が、自分の仕事を表明するには一番効率が良い場所だったが、それぞれの国で様子が違うことも学んだ。カナダでは現代美術家として受け入れられた。

このように、僕は一つ一つの契約の際、自分独自のレイヤーで契約を結んでいく。無意識に判子を押したら駄目なのだ。神は細部に宿る。そういうところに、どんどん自分の態度をしみ込ませていく。そうすると、自分の考え方は少しずつではあるが、確実に世界中に広まっていく。

印税が0円なので、自分の使命を感じた仕事での収入は相変わらず0円のままであったが、今は種を蒔いている時期だと判断し、気にせず、ひたすら世界中に僕の存在を知らせることだけに集中した。

自分の絵をいくらで売るか

さらに事はもうちょっと動いた。二〇〇六年に行ったカナダ・バンクーバー州立美術館での個展で展示していた写真が売れたのだ。小銭を稼ぐよりも態度が重要だと思っていた僕は、美術館が欲しいと言ったのでそのお金を全額寄付した。しかし、おかげで作品を購入したコレクターというものがいることがわかった。

僕はその後も作品をいろんなところに譲渡してきた。なぜ稼ぎにもならないのにそんなことをしたかというと、自分の作品を収集するコレクターの存在を感じられたからだ。幾ばくかのお金を払ってでも僕の作品を欲しいという人がいることは確認できたわけである。そのことが単純に嬉しかった。

コレクターというのは、当然ながら自分が購入したアーティストが一体どういう人間なのかを知りたくなるものだ。ある人が僕に会いたいとメールを送ってきた。彼の名はジャック・アデラー。腕利きの弁護士だった。しかも東京の僕の家まで来ると言う。(彼は後に、二〇一一年、バンクーバーの向かいにある島の市長になり、新政府と外交を結ぶことになる。)

ジャックは奥さんを連れて本当に僕の家にやってきた。宿泊しているのはペニンシュラのスイートだと聞いてぶったまげたが、僕は等身大のディナーを妻につくってもらい、もてなした。彼は僕の写真について、僕よりも知っているような感覚で素晴らしさを訴えてくれて、僕は泣きそうになった。

途中、慣れない畳の上に座り続けたジャックが足が痛いと言うので、ベッドの上に座るよう促した。ここでちょっとしたミラクルが起きる。彼がベッドの下から何か引きずり出した。それは僕が悶々としている時に描いていたドローイングだったのである。

それを見たジャックは「すげー」と言ってくれて、さらに「これが欲しい」と言いはじめた。作品というものを直接売ったことのない僕は、一瞬意味がわからず立ち往生してしまう。「いくらだ?」とジャックが聞いてくる。どうしよう……。

僕はその時、この絵が売れて二ヵ月くらい僕と妻が食っていけるといいなあと思った。夫婦二人の生活費が一ヵ月で20万円くらいだったので、それにさらに5万円ちょっと上乗せする。その二ヵ月分。なんとも雑な計算だけど、まあ楽に二ヵ月食っていける金額ということで「50万円」と設定した。その時に「現代美術の世界でこれくらいのキャリアだからいくら」という計算はしなかった。

初めて売ったドローイング

そこで僕は「自分のこの絵は50万円だ」と決断し、それをジャックに伝えた。するとジャックは自分の考えている金額とドンピシャリだったらしく、即決で買ってくれた。しかも次の日には銀行口座に振り込まれていた。これが自分の絵を初めて売った瞬間だ。初めてもらった原稿料よりも興奮した。

お金はお金でおもしろい

絵を売るときはいつも緊張する。値段を決める時に、適当じゃ駄目なのだ。ちゃんと自分なりに考えないと。そして、既存のマーケットなんかを意識しても駄目だ。それだったら僕の絵なんかは5000円になってしまう。でも、そんなやつは一生5000円だよと僕は自分に言い聞かせている。いつでも自分は一流だと思ってろ、と。

無名の時に5000円と言ってしまう人は、有名になったら16億円とか言っちゃうような気がする。態度経済はそうじゃない。50万円と言ったら、もう死ぬまで50万円でいく。僕はそうやって生きている。今だろうが、昔だろうが、九十歳だろうが、同じでいくよ、と。

コレクターというのは、直取引なので、本当に人間を見ている。まったく交易そのものだ。黒胡椒を売っていた時代そのもの。だから60万円と言ったら売れないし、10万円と言ったらテンションが落ちて次はない。どちらも緊張する瞬間、そのテンションが保つお金。僕はそれを「直感への対価」と呼んでいる。

これは僕がその当時、ホテルで時給としてもらっていたお金とは違って、VIPからのチップに少し似ている。でもやっぱりちょっと違う。「直感への対価」としてのお金なのだ。労働じゃない。自分が持っている直感に対しての歓喜のお金。そんな「直感」に払われるお金というものは、それはそれで素晴らしいと思う。

僕は0円0円と叫んでいるように見られがちなのだが、別にお金が嫌いなわけではない。お金はお金でおもしろい。ただその対価の在り方を変えなくてはいけない。労働の対価はなくしたい。

というわけで、二〇〇七年には夏前の時点で50万円を稼いだ。もちろんヒルトンホテルでのバイトも続けていたので、貯金も200万円になった。二〇〇六年の結婚当時は貯金ゼロだったが、なんとかやっていけそうなモードにようやくたどり着いた。しかし、まだこの時点で別に次につながる動きがあったわけではない。連載もゼロ。仕事もゼロのままだった。

アウトプットはシンプルに

仕事はひょんなことから始まる。ある日、当時『AERA』の編集長をしていた矢部万紀子氏から食事に誘われたのだ。彼女は二〇〇四年に出版した写真集『0円ハウス』を唯一評価して、すぐに『週刊朝日』でインタビューをセッティングしてくれた人だった。その時に「あなたはすごいものを持っている」とその後の活躍を、僕よりも確信してくれていた。

そんな人が呼んでくれたのである。これは何かある。そこで僕は当時、出会ったばかりだった隅田川の鈴木さんの生活について話そうと思い、食事前に構成を考えた。素晴らしいことを思っていても、準備しないとそれはうまく伝えられない。僕は練習するのが好きなので、家でぶつぶつ言いながら矢部さんと架空の夕食を食べていた。

そんなわけで矢部さんは、鈴木さんが「新しい経済」をつくりあげていることを当然ながらすぐに感じてくれ、僕になんと五ページの特集を任せてくれたのだ。しかもちゃんと正規のギャラまでくれた。つまり敬意を持って作家として依頼してくれたのだ。

僕は興奮し、一日で二十枚を書き上げた。

原稿を読んだ矢部さんも興奮してくれて、次の週の『ＡＥＲＡ』に僕の生まれて初めての原稿がほとんど一字一句変更なく、掲載された。

すると、この記事をもとに単行本を書きませんかという依頼が大和書房という出版社からやってきた。さらに、これを原作にして映画をつくりたいという、またこちらもミラクルな依頼も受ける（こちらは後に二〇一二年五月、堤幸彦監督作品『MY HOUSE』として全国ロードショー）。どちらもおもしろそうなので、もちろん快諾した。何かが動き始めた予感がした。

大和書房に行き、編集長と会った。編集長氏は以前講談社で「あしたのジョー」の編集をやっていた方で、敏腕編集者という感じ。開口一番、「お前オモロイ。たぶん原稿三百枚くらいさっと書けるだろう」と予言される。僕もついつい、「書きたいことは一杯あるので三百五十枚くらい行っちゃうかもしれません」と言って執筆依頼を受諾した。

帰宅して妻に「原稿執筆を受諾した」と伝え、「ヒルトンのボーイをやめる」と切り出した。妻は意外とあっさりと「いいんじゃん」と言ってくれて、僕は本なんて一冊も書いたことがないし、書けるかもわからないのに、晴れて完全独立したのである。二〇〇七年七月のことだった。僕は坂口恭平事務所という会社を立ち上げた。

この時点で貯金が200万円。連載ゼロ。仕事ゼロ。単行本の依頼一冊。夢のような映画化の話一件。僕はバイトをやめたばかりでしかも妻は妊娠中。妻はジュエリーデザイナーの仕事をしていて、彼女もまた独立する予定で仕事をやめていた。そんな時に妊娠が発覚した。というわけで妻の収入もゼロ。ゼロゼロづくしの200万円ボーイはいそいそと毎朝五時からキーボードを叩き、初の原稿執筆三百五十枚の旅に出たのだった。

僕はずっと、自分のウェブサイトで毎日日記を書いていた。誰と会って、何をして、何を読んで、何を聴いたかなどを詳細に書いていた。それが僕の唯一のメディアだった。本が売れたわけでもない。海外の個展も日本ではまったく無視されていた。でも書いていた。

メディアと言っても、一日三百人も訪れれば驚きという状態だった。でも、とにかく書いていた。本当に細かく書いていたので、僕の人となりはよくわかったのではないか。次第に少しだけ、僕の日記を読んでいるという人に会うようになった。僕はとにかく自分の思考を細かく伝えることだけ考えていた。

それは自分がホームレス研究家のように見られていることへの納得のいかなさでもあったと思う。かといって、若い頃からカオスのような自分の頭の中を全部伝えてしまっても誰も見向きもしないだろうとは予想していたので、それは自分が考えてやった結果でもあった。僕がその当時に考えていたことは、「頭の中はよりカオスに、でもアウトプットはよりシンプルに」。『0円ハウス』のような本を出せば、僕が路上生活者だけに興味を持っている人だと受け取られる危険性がある。でも、わざとそれをやった。いつかきっと複雑なことを人にわかりやすく伝えられると思いながら。

僕はその時点で音楽をつくり、絵を描き、文章を書き、写真を撮り、トークをするというような今の仕事につながることを考えていた。でもそんな態度は急には伝わらない。そこでその四次元の球体をちゃんとカットして切片を見せる必要があった。そこで抜けたカオスを日記で表していた。それでバランスをとった。

同時に、その日記は僕がどのように物事を考えているかを伝えるメディアになった。僕が多層なレイヤーで仕事をしようとしていることを目で見てわかる具体物でもあった。まず僕は情報を、交易させるものではなく、自分の考えていることを具現化させるものとして扱った。つまり態度の具合を伝えるために。

もちろん、そんなことをやっていても1円にもならないわけだけど、自分としては精神衛生上良かった。

計画を立てる・ルーティンを守る

僕はとにかく目の前に現れた三百五十枚の原稿に取りかからなければならなかった。貯金200万円。夫婦で一年に250万円くらい使うので、これでは一年ももたない計算になる。

でも僕は全然焦らなかった。それよりも、すべての時間を自分の仕事につぎ込めることに喜びを感じた。それは初めての体験だった。それでいて、小学校で漫画を描いているときから求めていた感覚だった。

いつでもいい、いつまででも、好きなだけできる。ようやく社会のスタートラインに立った気がした。人間はこうあるべきだと思ったのだ。1円も稼いでないのに。でも修業はしてきたつもりだった。二〇〇一年に大学を卒業してから、気付いたら六年も経っていた。でも僕にはちょうどよいと思えた。それでもやりたいのだからやるべきなのだ。そして僕はできるのだという確信があった。六年やってきたんだ。

ただ、そんな確信を持っていても、原稿執筆とは関係ない。放っておいても一行も進まない。妊娠中の妻は多少不安げな顔。原稿をどうやって書くかはわからなかったが、勢いでやることにした。プロットも何もなく、ただ右から左に書いていった。

まずは、計画である。僕は計画魔なのだ。

僕の計画の仕方は簡単である。自分が結構力を出したらできることの半分くらいの分量を一日のノルマにして、それを長い時間かけて継続させていく。初めて原稿を書いた『AERA』では一日で原稿用紙二十枚（八千字）を書き切った。ということで、二十枚割る二で一日十枚。三百五十枚が終着地点なので三十五日間書く。

僕は朝型なので夜は書けない。朝五時から朝飯を抜いて昼十二時まで書くことにした。こうするとお昼までに七時間も仕事ができる。仕事は十二時で終わらせることにした。僕はカオスな人間だから、一つのことに過集中すると他にやりたいことを見つけてしまう。

午後からはそっちに時間を使う。

二〇〇七年の七月から始めて、毎日書いた。ここまで書く、というのではなく、とにかく毎日七時間、正午まで書くことを守った。こちらのほうが僕にはあっていた。まだ書きたいことがあっても、十二時になったらさっとやめる。仕事ではなく時間で区切っていくほうが、毎日ルーティンで定まっているので良い。

そうやって書いていると、どうやら一日に十枚書くのは僕にはそんなに苦ではないことを知った。なぜだろう、原稿なんて書いたことがないのに、と思っていたら気がついた。そうだ、日記を書いていたのだ。文字数を調べてみると、一日に十枚、時には二十枚も書いていた。総計すると数十万字も書いていた。

日記だから毎日つながっている。しかも毎日継続する。気づかないうちに長編を書く準備が整っていたのかもしれない。だから原稿執筆は毎日淡々とこなすことができた。日記を見ると二〇〇七年八月二十日。ほぼ予定した通り三百五十枚を書ききったのである。

大和書房に原稿を送った。リアクションは上々であった。ビギナーズラックみたいなものだろうとも思う。編集者は僕の原稿を誤字脱字以外は一切手を付けずに、見出しと章割りを編集しただけで完成させた。『TOKYO 0円ハウス 0円生活』はこうして四ヵ月後に出版された。

年収が六倍に！

午前中に原稿を書いた後、午後はドローイングの制作にとりかかった。自分が好きに描いていたものがジャックに50万円で売れたことに可能性を感じたので、絵もどんどん先に進めていこうと思ったのである。これは先述したように、0円ハウスだけの人間と思われたくない気持ちもあったと思う。毎日少しずつ描いていた。

そんなある日、僕は友人に誘われて飲み会に参加した。そこにいたのが京都に住むギャラリストで、僕が0円ハウスと南方熊楠とマルセル・デュシャンとバックミンスター・フラーの四つを混ぜて、空間に興味があるんだという思考都市の話をしていたら、興味を持ってもらった。

その時、ポロッと、この前バンクーバーのジャックという人に自分のドローイングを買ってもらったんですよ、と話した。すると、その人も欲しいと言う。「50万円ですよ、高いでしょ？」と聞くと、「買う！」と即答。ということで、まだ描いている途中の二枚目も売れた。

ジャックからの50万円、『ＡＥＲＡ』の原稿料20万円、そして京都のギャラリスト50万円。二〇〇七年九月の時点で１２０万円。一気に年収は前年の六倍に跳ね上がった。この三つ、何一つ売り込みをしていない。ただ人と会う、つまり交易を行っただけだ。それだけでいいのである。

態度を変えない

その頃、信頼するキュレーターが働いているバンクーバーの非営利ギャラリーから依頼が来た。非営利ギャラリーが次の年運営していくお金を獲得するためのオークションがあるのだが、ぜひそこに作品をチャリティーしてくれというものだった。僕は何も考えずに一番気に入っているドローイングを提供した。

こういう時、普通、自分が一番好きなものは0円ではあげない。実際、オークションで見かけるのは数部つくったエディションなどばかり。でも、それじゃ目立たないと僕は思った。お金が自分の懐に入らなくても、誰かがそれを気に入り購入するという態度自体に価値があることはもうすでに知っていたからだ。

だから、一番気に入っている絵をバンクーバーに送った。そうしたら、その絵がまた売れた。40万円で。もちろん、このお金は僕の懐には入らなかったが、その代わり誰が買ってくれたのかがわかった。今度はリックというアンディ・ウォーホールのコレクター！

ここで僕が得た教訓は、ノーギャラでやってくださいという依頼が来たときに、大半は適当な注文なので無視していいのだが、中にはかなり気合いが入っているものがある。そういう時は、このオークションの時のように「一番好きなもの」を提供する。つまり対価が0円だろうが50万円だろうが、こちらの態度を変えるなということだ。

僕は別に自分の絵が50万円で売れたから嬉しいんじゃない。50万円と決めた自分のレイヤーで仕事ができたことが嬉しい。そこらへんを勘違いすると態度経済は破綻する。僕は自分が描いた絵は誰だろうと50万円で売るというレイヤーにいる。僕の懐に入らなくてもそのレイヤーで仕事をする。

交易が行われる時

態度経済とは、この世界に散らばる多層なレイヤーを高解像度の視点で把握し、ジャンプして移動しながら、独自のレイヤー上の行動を実践し、人々やモノと交易することである。それは自らのレイヤーを決断することから始まる。それはこれまでの優劣やヒエラルキーの世界とは違い多層な唯一の生き方である。

僕がジャックとの絵の取引で決めた50万円という金額は、絵を取り囲む現代美術レイヤー、ギャラリーレイヤー、有名度レイヤー、勤続年数レイヤー、日曜画家レイヤー、そのどれも反映されていない。反映されたのは唯一、僕の独自経済レイヤーである。一枚の絵は二ヵ月分の生活費ぐらいと僕が決断したのだ。

かといって、なんの反映も受けていないわけではない。僕はジャックと対面し、そこで決断した。つまりジャックの意識は反映されている。ジャックもまたジャックのレイヤーを持っている。この匿名化していない固有の独自レイヤーどうしの交感が行われるとき、態度経済はさらに強く光り始める。これが「交易」である。

これまで話してきた匿名化した社会システムのレイヤーと、個人独自のレイヤーがぶつかっても事はなかなか起きない。これは「移動」にすぎない。匿名化していない独自のレイヤーどうしが結びつくとき「交易」が行われる。これは独自の経済（生活の在り方）どうしが態度を介して交感し合う行為。

非営利ギャラリーのキュレーターから作品を0円で提供してほしいと言われたときもこの「交易」が行われた。だからこそ僕は一番気に入った作品を出品し、キュレーターは一番買って欲しいと思われる腕利きのコレクターに見せる。40万円で売れた。それが態度経済で得た価値。1円もいらない。態度が重要なのだ。

0円で提供してくれと言われて、一番価値のないものをオークションに出すのは匿名化した経済である。そうではなく、自分の態度レイヤーで行動する。それが価値のあるオークションと思えれば0円でも最高の価値のものを提示する。すると人はその人間の態度に感応し、態度経済がスタートする。

わかり合う必要などない

小さなスペースで原稿依頼が来ても、そのテーマがおもしろければ独自の態度レイヤーで仕事をするべきだ。二枚の依頼でも十枚書く必要があれば書く。態度に感応してくれればそこで態度経済が動く。

でも勝手にやっても駄目だ。基本的に人間はわかり合えないのだから。だから匿名化したレイヤーができたのである。

人間というものはわかり合えない。だから「空気」なんかを読むわけだ。それはわかり合えなさがつくり出したものだ。社会システムのような匿名化したレイヤーは、「空気」のようにみんなが吸えるものがないと破綻してしまう。独自レイヤーは真空だ。無重力でどこにでもジャンプし、交易できる。

独自の態度レイヤーどうしは、わかり合う必要などない。もともとまったく違う経済体系（生き方）なのだから。ただ、感じることはできる。理解はしなくても認識することはできる。態度が表明されているからだ。しかし、匿名化したレイヤーはそうはいかない。だから「空気」があるし、わかり合おうとする精神がある。

僕は初回のリトルモアへの持ち込み以外は一切、人に自分の作品を見せたり、ここがすごいんですと売り込んだりしていない。その必要がないばかりか、そうやって匿名化したレイヤーや相手のレイヤーに乗る行為は、独自の態度経済の破綻につながるからだ。

そのかわり、ただ人に会った。誘われるままに外に出て行った。そこでただ生きればいいのである。自分の態度を表す、これが一番できるのは「日常」だ。ただ人に会う。交易する。そして日記を徹底的に公表し続ける。僕はこれをずっとやっていた。それで二〇〇七年ごろになってようやく態度経済が動き始めたのだ。

120万円を獲得し一応なんとかギリギリやっていけそうになった僕は初の単行本書き下ろしを終え、しかもドローイングまで売れ、次にどう動くか考えていた。その時にまたある編集者に喫茶に誘われ、書き下ろしたばかりの原稿のことを話しているとそれは小説にもしたほうがいいと言われ、小説の執筆を受諾（『隅田川のエジソン』）。

ロンドンで会った編集者からは雑誌『スペクテイター』での連載を依頼された。これが初の雑誌連載である。さらに、日記を読んでくれていた雑誌『コヨーテ』の編集者からバス旅の連載を依頼された。さらにさらに、二〇〇二年ごろクラブで踊りまくっていたころに出会った女の子が編集者となって現れ、雑誌『エココロ』で連載がスタート。

それぞれひと月2万円ぐらいの原稿料だったが、それでも僕は連載で続けて一つのテーマでやれることのほうが重要だと思い、すべて受諾した。二〇〇七年の年末には年収120万円、二冊目の書き下ろし単行本、連載三本と良い感じに。自分の仕事で100万円を超えたのは奇跡だと妻と喜び合ったのを覚えている。

このように、僕はいろんな方法で自分の仕事を実行している。それは僕の頭の中の思考都市の具現化でもある。そしてそれらに「態度」という潤滑油がしみ込んでおり、うまく結び合ったり、感応し合ったりしている。

僕の現在の主たる収入は、本の執筆による印税、雑誌・新聞での連載、映画の原作料、トークショー、講演会、美術館での展示、ドローイングの販売など多岐にわたる。僕の場合、自分が何者であるかなど関係ない。肩書きなどそもそもどうでもいい。それよりも、自分の中の複雑な思考を、いかに態度をもって示せるかが重要なのだ。

これは隅田川に住む路上生活者たちが自分の体を起点として少しずつ住まいの空間をつくっていった方法論と同じである。僕は僕であればいいのだ。それを仕事にすることを試みる。これこそが態度経済の基本理念である。

自分自身になるという試みなのだ。

第４章　創造の方法論、あるいは人間機械論

1　創造の定義

人生はやり直すことができない

僕は人生はやり直すことができないと思っている。だからこそ、今、本当に何をやるのかが問われている。この緊張する現場で、どんな行動をするのか。まわりに同調せず、徹底した独立者でいられるか。

脱原発はもちろんけっこうだが、それは実は脱政府であり、脱会社ということになると思う。会社をつぶさないと銀行がつぶれない、政府もつぶれない。そうしないと原発はなくならない（そこまでやっても原発がなくなるかわからないけれど）。そんなことできますか？

僕はすぐに断定した。

できっこない。

だから、違うレイヤーに新しい政府をつくった。だから、熊本に行った。現政府はつぶれない。民主党政権が自民党になろうが共産党になろうが変わらない。アメリカが変えてくれるわけでもない。だから、僕は蜂起することにした。無視という蜂起。逃げるという蜂起。独立するという蜂起。

今は若い人が動かなければどうしようもないのだと思う。誰かやってくれないかなではなく、自分が動く。

ちゃんと見てみよう。今のどうしようもない政治家たちを。本当は3・11の時、瞬間的に動ける人間が、経験を積んだ、金銭的にも余裕がある大人が動くべきだった。僕はその人たちみんなに電話した。しかし、誰も何もしなかった。そのことを僕は絶対に忘れない。

放射能にちゃんと反応できた人間は僕と同年代、それかもっと若い人たちだった。その直感が僕は気になっている。それが鍵なんじゃないかと思う。何の思想も語らなくていい。ただ危ないものは危ないと思うことができ、人に危ないと伝えることができ、手を差し伸べること。

とにかく若い人が動かないとどうしようもない。天草四郎なんか島原の乱の時、十六歳だった。坂本龍馬も高杉晋作も二十代。今は教育が遅れているのを考慮しても、三十代までだ。四十代以降は、軍資金を出して、人と人をつなぐ役目である。実動は若い人間しかいない。

若い人たちが自分にとっての新しい経済とは何かを考える。一人ひとりがそれを実践すれば、必ず社会は変わっていくはずだ。

自分のやりたいことなんてどうでもいい

僕は大学に呼ばれて学生たちと話すことがある。そうすると、彼らはしばしば「自分は〜をしたい」と言う。若い人はここのところをよく勘違いしている。あなたが「やりたいこと」など、社会には必要ない。今すぐ帰って家でやれ、と僕は言ってしまう。やりたいことをやって生きる？　無人島か、ここは。芸術というのはそういうことを指すものではない。

「自分がやりたいことを考えてきます」と言う若者もいる。何も考えてこなかったのだろうか。その人たちにちゃんと話を聞いてみると、どうも見つかるような気がしないと自分で思ってしまっている。そうじゃない。それでは食っていけない。

やりたいことは無視して、自分がやらないと誰がやる、ということをやらないといけない。しかも、それは実はすべての人が持っているものだ。絶対に。なぜなら人間は考える葦と言うじゃないか。考えているのだ。自分の得意なこととかやりたいこととかはどうでもよくて、ただ考えている。それを口に出す。

建築家になると決め、大学で学んでいた時、僕は先生たちに職人さんたちに質問した。「なんでこんなつまらないものを建てつづけるんですか？」

そうしたら、誰もが仕方ないと言う。それで僕は、「あー、この人たちじゃ何もできないんだから、自分がいつか口に出して言って変えないと」と思った。

僕はそれだけだ。好きでやっているとか、そんな動機じゃない。もっと切実な動機でやっている。こんな大人たちに任せてしまっては大変なことになると思った。使命と言っては大げさかもしれないけれど、これは自分がやらなければならないと心に決めたのだ。

そんなの『おしいれのぼうけん』と『エルマーのぼうけん』と『オズの魔法使い』とか、普通に僕が幼い頃に読んでいたものを記憶していればわかることなのに、なんで忘れているのだろう、と思っていた。

だからやりたいことじゃない。若い人にはまずそこをわかってほしい。そこを見誤ると大変なことになる。実際、学生時代に「おれ、こういうことやるんだ」と吠えていたちょっと変わった個性的な人とか、結局何もつくらないし、発言しないし、びびって、大人になったらどこかに隠れてしまうのだから。悲しすぎるよ。

自己実現をするのではなく、社会実現に向かっていく。

それをまず決めるんだ。

創造とは疑問を問いにすること

大事なことは、何かに疑問を持ったかということだ。それがあれば生きのびられる。今まで生きてきて、一度も疑問を持ったことがなければ、今すぐ企業に走ったほうがいい。誰かに指示されて生きていこう。そういう人は原発なんか気にしないでいいと思う。でも、何か「疑問」を持ったらチャンスだ。そこから「問い」にまで持っていく。

「疑問」を「問い」にする。この過程を僕は完全に独自な「創造」と呼んでいる。綺麗な色の絵とか、美しい旋律とか、創造というのはそんなものではない。あなたがこの世界のどこをおかしいと思えたかである。

「疑問」を「問い」に持っていくことをなぜ僕は「創造」と呼ぶのか。

まず僕たちは生きているわけだ。この社会で。この都市で。たくさんの人が生きている。同じシステムで動いている。そこは単一レイヤーのように見える。そして、問題がないように思える。平和なように思える。

ただし、それは実は自分のシステムではない。匿名の社会が、匿名化したシステムを構築している。それは誰がつくったかと言うと、僕たちの無意識だ。知らぬ間に、自分のシステムを無視して、匿名化したシステムができる。もちろんそれは楽だ。考えないで済むからである。

でもそれは平和なシステムではない。誰かを無視している。誰か困っている人が絶対にいる。それを見ていたら疲れるから、ヒエラルキーをつくって、一つのシステムをつくり出す。でも、それはあなたのシステムじゃないので、当然ながらちょっと居心地が悪い。そしてちょっとだけ大変。でも、楽なものだ。

だからこのシステムも自然だと言える。だって、みんなちょっと居心地が悪くても、楽をしたいから。見たくもないものを見ないで済むなら、進んでそういうシステムの中にいても我慢するものだ。でも、忘れちゃいけない。それはあなたのシステムじゃない。みんなの無意識がつくってしまったシステムである。

すべての人の無意識が構築したもの、それが匿名化したシステムである。その中でつくられた法律や都市や学校や結婚制度など、それが僕たちの無意識だ。無意識というのは、つかみどころのない、見えないものではない。僕たちの生活。ほとんどの人にとって、それが無意識なのである。

無意識というのは本当に何も考えないで厄介な代物だから「疑問」を持つ。なんだ、これ？　と思う。そうするとしめたもの。そこに気付いたら、次に無意識ではなく意識で生活している人を見つけないといけない。まるでＳＦ映画のような感覚だ。僕はそのようにして都市を歩き、人と出会うように心がけた。

そして、意識生活者と出会った。それが隅田川のソーラー0円ハウスの住人だったわけだ。彼は徹底して疑問を持ち、意識を持ち、自分のシステムで生活をつくり上げていた。僕の言葉で言えば、「新しい経済」をつくっていた。そして、僕は彼から学んだ。

すると、漠然とした「疑問」から、「どんな住生活というものが意識生活と言えるのか」「いかなる建築が意識を持った自律した建築と言えるのか」というもっと具体的な「問い」が生まれた。そこから僕の活動は始まった。僕はその体験を踏まえてつくった本を「創造」とは思わなかった。「問い」の瞬間こそが「創造」だと思った。

そうやって、まわりの景色を見てほしい。楽になるどころか、もっと緊張して、冷や汗かいて、泣きたくなって、死にそうになって、おびえて隠れてしまいそうになるから。それはとっても孤独だ。でも、そんな時に会える人間がいる。物事がある。それがあなたの使命を見つけるヒントになる。恐れたままでいいから、近づいて手で触れたり、直接声をかけてみよう。

死ねない環境をつくる

無意識生活、僕はそういうことを考えていたのだけれど、カントの『永遠平和のために』を読んでいたら、それを「未成年」と言っていた。ほら、みんな同じことを言っている。創造というものは、若い人間が簡単に思いついちゃうような「作品」じゃないということだ。そこに気づいてほしい。

こんなことを考えるようになったのは、僕の躁鬱病のおかげである。躁期は、体も心も意識生活を行っているので、新しい経済をつくることだけに集中し、仕事も進んでいくのだが、鬱期は無意識生活になってしまうのだ。神経回路がすべてストップしてしまうから。景色は灰色になる。

でも、意識生活の記憶があるので、そのまま無意識生活を送ろうとすると合併症みたいな症状が出てくる。完全に剝離している。これが希死念慮につながる。二十四時間ずっと自殺のことを考えてしまうわけだ。相当きつい。でも、それでも「疑問」を見つけなければならないと必死で考える。この時、「考える」という行為は、死ねない理由を探す行為となる。生命をかけた状態となる。だからこそ、考えるという行為がとても切実な人間の態度であるということを知ることができる。

重力が強いところで訓練している孫悟空みたいな状態かもしれない。それでも見つけろ。納得するな。問いに結びつけろ、と。つまり、僕にとっては鬱期こそが一番の「創造」だ。そのような状態と目の前の社会や都市を結びつけて考える。それが僕の仕事の構造体である。一生治らないこの病気に感謝したい。むしろ、今、僕にとって躁鬱病は病気でもなんでもない。これはとても自然な体の動きであることがわかる。この無意識だらけの無思考な社会が、居心地がいいわけないのだ。そこにはたくさんの無視が存在している。差別が存在している。階級が存在している。貧困が存在している。

それが苦しくないわけないのだ。僕の症状は自然な精神であれば、当たり前のことだと気付いてきた。

だからこそ、行動に実行に実践に、結びつけなくてはいけないと決めることができた。とはいえ、障害はやはり障害である。死ぬかもしれないという可能性もある。だから新政府を立ち上げた。こんなことを社会に表明しちゃったら、多くの人も応援してくれているし、死ぬわけにはいかない。

つまり「死ねない」。

これ、すなわち「生きる」である。

生きるというのはそういうことだ。仕事で成功するとか、いい会社に入るとか、有名になるとか、資格をとるとか、出世するとか、お金を稼ぐとかではない。

「生きるとは死ねないこと」。死ねない環境をつくる。これが「生きる」ということだ。

2　自分を一個の機械と考える

断定することが大事

僕は小学校時代から何も変わっていない。とにかくやばいことだけ、人が泣きそうになるほどびっくりすることだけをしたかった。みんなが忘れてしまっていることを思い出させたかった。子どもの時に感じていた繊細な感情を呼び起こしたかった。常に独立していたかった。お金は問題じゃなかった。そして、そういう僕の態度はよく馬鹿にされた。別に気にしていなかったが。

懲りずに続けているうちに、社会のほうがちょっとだけ変わってきた。つまり、いつかは人に届くのだ。

忘れてはいけないのは、態度経済を実現するためにはとにかく時間がかかるということだ。それはハローワークでさっと見つけられるようなインスタントなものではない。態度は嘘をつかない。だからこそ時間がかかる。でも、一度築いたらもう永遠に消えない。

それじゃあ、自分の態度を決めるにはどうしたらいいか。

まず、相談しない。自分の頭で考える。自分の頭で考えられることだけで考える。他人の言葉をそこに入れて考えてはいけない。それは考えることではない。思考とは「思っていることで考える」ということ。いらん思想は抜き、いらん知識は抜き、昔から体験してきたことだけで考える。

そして、こうやって思考した後に、必ず必要なものがある。それは「答え」である。よく考えることが重要で、答えがすべてじゃないとしばしば言われる。僕はあれは全部間違いだと思っている。絶対に答えを出さないといけない。断定しないといけない。口から初めて出てきた「責任」のある「断定」。これが答えだ。

僕は断定する。よく断定する。それは違うとよく人は言う。いやいや、それが問題じゃないのだ。何を断定するのか、それがその人間の責任なんだ。その断定が、思考なんだ。それが個人で生きることの責任なんだ。

今の社会は、この断定を恐れる。それは無責任だということ。今は無責任社会なのだ。

これは誰々から頼まれたもので、僕が選んだことではないと役人は言う。政治家は言う。教授は言う。

それで腐ってしまうのは当たり前だ。そこには責任がない。答えがない。それらが交流しあう交易がない。

僕はそこを変えなくてはいけないと思った。

だから、僕は断定をする。答えを出す。それができるだけ間違っていないように研究、調査を重ね、でも最後にはちゃんと答えを出す。その時のその時にしか出せない答え。それを続けることが態度経済なのだ。

だから議論ならいつでも僕は受ける。どんな人の言葉にも返す。断定するなと他者は言えないのだ。そうすれば、批判しない、喧嘩しない、炎上しない。ちゃんと議論を呼び起こせる。批評を呼び起こせる。

僕はちゃんと批評される都市をつくりたい。それは責任ある抑制された社会である。誰かが間違っていても、それすら受け入れてあげられる懐の深い、人は間違うという前提をもとに相互扶助する社会ができる。

だから責任のない人間は土俵にあがるなと僕は言いたくないし、そういう人間ばかりの論壇や文学界や美術界や建築界や政治などはまったく芸術じゃないと思う。つまらない。違うんだ。お前にも責任があるのだから、学生だからといって小さい声で裏に隠れて言うのではなく、表に出て来て表明しろと言うのが表現者なんだ。行動者なんだ。僕はそう感じることが哲学なんだと思う。あなたと僕は同じ土俵にいる。著者と読者の関係じゃないんだ。

だから、何か意見があれば、真剣な責任のある批評があれば、今すぐ僕に電話でもなんでもいいから伝えてほしい。電話番号だったらこの本にも書いてある。ネット上にも上がっている。僕は隠れない。いつでもあなたの前で煙草を一服している。僕はいつでも丸裸だ。しかし、それは体当たりの丸裸ではない。どこから見られても、どこから批評されても、ちゃんと答えていきたいと思い、完全に準備しているからこその丸裸なのだ。

恐怖心がないのではない。恐怖を恐怖であるとちゃんと捉え、向き合っているのである。

人間機械論

「思考」の後に出てきた「責任」のある「断定」という「答え」。これを熱源にして体という機械を動かす。僕はそれが「生きる」ことだと「断定」している。……というように、これは無限のループに突入する。だから永遠に力は消えない。

答えを出さずに日々を過ごすことがいかに無駄かわかるだろうか。答えを出さない生活は、無限のループではないので、毎回エンジンを暖めなければならない。ガソリンも入れなきゃいけないし、燃費も悪い。こうやって自分の体を機械に置き換えていくと、わかりやすい。僕は自分の人生をメカニカルなものとして捉えている。

自分の体の動きや、心の動き、考え方を車の部品一つ一つに置き換えて考え直すというようなことをするのだ。そうすると、自分の体を抑制し、動かすということを可視化することができるし、体の動かし方それこそが新しい経済をつくることだと知覚することもできる。

放っておくと、人間の思考は混沌《カオス》と化す。あらゆる要素がまじり合い、どれが原因で今の仕事をやっているのかがわからなくなってくる。人間というものは一つの単体であって、精神というよく判断できないものによって突き動かされていると考えると、とても抽象的な「生」になってしまう。そこで、自分を車のようなものに捉え直して、機械的に具体的に動かしていく。

僕の場合、自分の体を動かすガソリンを、お金にしていない。お金なんかなくても動けるような車体にしている。

どういうことかというと、僕は今、妻と娘と三人家族なのだが、お金のために生きないので、もしかすると所持金が0円になる可能性もある。その時は、堂々と河川敷に行って、0円ハウスを建ててそこで路上生活を家族とすることを決めている。妻もその覚悟でいる。だから、お金が0円になったって気にしないのだ。そうすると、福島の子どもを五十人呼びたいからといってなけなしの１５０万円をポンと払うことができる。

お金がなくても行動できるような体に設計している。燃料はお金ではなく、ひたすら社会実現をしようとする態度である。だから、永遠に枯渇しない。実現したら社会が変わるということだ。その時は、きれいさっぱり仕事を終えて、次の世代の人間を育てるように人生を変えていこうと思っている。

だから、自らの使命を達成するまでは永遠に止まることのない楽しいドライブを続けているようなものだ。

エンジンを自分の欲望にすると、それが達成されたら車は止まってしまう。だから、エンジンは自分のものでなくてもいい。素晴らしいエンジンをどこかから持って来て積み込むのだ。自らの使命とは、何も自分で考えたことである必要がない。これまであらゆる人間たちが挑戦しては不可能だったいろんな事柄、それと自分が実現したいと思っている使命は実は似ていることが多い。

僕はそうやって使命という名のエンジンをつくってきた。いろんな人の考え方、行動を私淑して学び、それらによって自分のエンジンをチューンナップしてきた。

そういうエンジンを載せて態度というガソリンでまわりの無意識という風景を見ながら、トランスミッションを駆使し、先人たちがつくってきてくれた道を走る。

そういうふうに人間は機械であると捉えて、この日常をどのようにドライブしていくかを考えて、設計、整備、修繕していくと考えやすい。

才能に上下はない

答えを常に出すという断定生活を送ると、非常に効率よく仕事ができる。生きることができる。

僕は鬱状態以外の時は一日に原稿用紙三十～四十枚書く。多い時には五十枚に到達することもある。もちろん原稿の量が問題ではないが、そういう持久力を持っている。調子が良い時には、結構いい動きをしてくれるのである。逆に駄目な時は何をやっても駄目だが。だからこそ、常に一定の仕事をするのではなく、自分の体の動きに合わせて仕事をする。

このように一見、障害に見えるものでも、障害をベースにした生き方、経済の在り方を考えていくと実は障害ではなく、それが自分独自の思考を具現化する方法論であることに気付く。

アスファルトの上で、みんな同じ環境で動くのではなく、アスファルトをはがして、それぞれの土のでこぼこを感じながら歩く。そんなイメージである。

なんで躁状態の時に、こんなにたくさんの言葉が出てくるのかというと、それは鬱状態の間に（僕はずっと自殺念慮にやられそうになっているのだが）、いつかまた上がった時のために毎日、何を書こうか話そうかとシナリオを書いていたからではない。そうではなく「生きるとは何か」ということをただひたすら死にたくないので考えていただけだ。鬱状態の時は適当な生きる目的や抽象的な理由では駄目なので、とにかく具体的に高い解像度で自分の「生」について考えている。その時に筋力が身につけられる。鬱が明けた時には、その筋力がバネのような役目を果たし、僕は原稿を膨大に書かなければならないという状態になる。

僕にとっての才能というものは秀でているものではない。才能とは、自分がこの社会に対して純粋に関わることができる部分のことを指す。

才能は「音色」を持っている。才能には上や下はない。どんな音を鳴らしているか、それに近いのではないか。自分がどんな楽器であるかは変えることができない。でも、技術は向上させることができる。技術は経験によって習うことができる。つまり「答え」の出し方は伸ばすことができる。それさえ変化すれば、生き方自体が変化する。だからおもしろいし、希望がある。

そのような音色が集まり、交易するということが経済なのだ。タクト（指揮棒）を持って、オーケストラを組み立てていくような感覚で、多くの人と合奏するように、才能という楽器を鳴らし合いながら、一つの答えを探っていくのだ。

楽するポイントを間違えない

秀でたものが才能というのではないことに気付くと、かなり楽になれる。人間はもっと楽にならないといけない。僕が言っていることが矛盾しているように思うかもしれないが、楽になるのは重要だ。楽になれて初めて「思考」し、「責任」のある「断定」という「答え」を導くタイミングが訪れる。

社会を変えるという、人間にとって一番重要なこと以外はできるだけ楽をしよう。任せられるものは人に任せよう。そのかわり、しっかりと社会を変えるという項目についてだけは自分一人で死ぬ気でやろう。そうやって僕は社会の楽と自分にとっての楽を反転させた。

だって、人はよく仕事が忙しくてできないと言う。それじゃ駄目だ。まわりを見ていると、一番自分という体が有効に使えるはずの「社会を変える」という行為に対してだけ楽をしちゃっている。それで、試してもいないのに、社会はなかなか変わらないとか言ってしまっている。それは楽をしているのではない。ただ「生きること」をさぼっているのだ。後は一生懸命生きちゃっている。それじゃだめだめ。もっと楽をしないと。もっと適当にしないと。

死の灰が舞っているのに、金を稼ぐために働けという会社のところで仕方なく働くのは、適当にしよう。もっと楽になればいい。でも、福島で子どもたちが死の灰を浴びているのをどうにかしないといけないと考えることを楽にしては駄目だ。徹底的に考えよう。こうやって、少しずつ自分の生活のバランスを変えていく。まずはそこからだ。

パトロンを持つ

楽をするためにはどうしたらよいか。

僕は「パトロン」を持つべきだと考えている。

実は人間というものは単体の物質ではなく、多くの人間が集まってできた集合体というもの以外では存在しえない。

パトロンというのは、何もいつもお金を提供してくれる人だけを表すのではない。お金のパトロンがいれば、知のパトロンもいる。遊のパトロンもいる。食のパトロンもいる。そうやって、自分一人では補うことのできない部分を、他者を自分の中に取り込むことで、一つの融合体をつくるのだ。自分の体を見れば一目瞭然だ。僕には脳味噌もあれば、口もあり、耳もあり、鼻もあり、胃もある。排泄物だってある。どれも僕という一つの融合体を構成している、それぞれの才能を持っている。自分の体が一番の先生なのだ。そうやって社会の中でも人体を構成しているような感覚で動くと、とても自然な営みが実現する。

僕には無数のパトロンがいる。彼らと出会い、酒を飲み、悩みを打ち明け、それを語らうことで僕ができる。

たとえば、磯部涼は音、そして遊のパトロン。磯部涼と出会ってから、僕は躁鬱病の症状が緩和された。佐々木中さんは哲学のパトロン。中沢新一さんは知のパトロン。梅山景央は編集のパトロン。石川直樹は行動のパトロン。藤村龍至さんは建築のパトロン。

パトロンは知性にこそ必要だ。隣の天才を見逃すな。

妻は生活のパトロンということになるのかな。

僕はみんなの「生きる」というパトロンになりたいなあと思っている。

このように隣の才能溢れる人間たちに任せるところはすべて任せる。そのかわりちゃんと信じる。彼らに従って生きる。こうやって自分自身を他者の中に取り込ませることができれば、楽な生活が始まる。すると、僕がやるべきなのは、使命を全うすることだという自覚が持てる。

強くて固いコミュニティである必要はない。ただの友達でいいのである。だが、念頭に置くのは、この人は何大臣なのだろうかと考えること。つまり、一緒に協力して「生きる」ことを選ぶのだ。人体のように。

僕のお金のパトロンは、みんな海外に住んでいる。バンクーバーの弁護士、現ボウエンアイランド市長のジャック・アデラーは初めて僕の写真を買ってくれ、さらに後に始めるドローイングシリーズを即決で購入してくれた。僕はギャラリーに属していない。全部、自分でパトロンを見つけている。つないでくれるのは、僕が二十一歳の時から現代美術方面の可能性を見出してくれていたバンクーバーにあるギャラリーのキュレーター、新政府フィクサー大臣の原万希子さん。彼女は「人脈」のパトロンである。

3　絶望眼の使いかた

鬱が起点になる

前にも言ったように、僕は鬱状態の時、完全な絶望に陥る。まわりの人は何をそんな深刻になっているのよと笑うが、僕は絶望してしまう。震災で亡くなった方、身内を亡くした方、そうでなくても家を失った方、社会の現状、クズみたいな政治、才能のある人間がやるべき仕事ではなく企業にいることに絶望する。

同時に、人のことばっかり考えてどうするんだ。自分を見てみろ。お前は建築家と言いながら家建てないし、作家でありながら本読まないし、何の賞も獲ってないし、画家でありながら美術館のオープニングが嫌いだし、結局、天邪鬼《あまのじゃく》の馬鹿野郎じゃないか。鬱になると金だってなくなるし、と自分責めに反転する。

そして、最終的にお前、生きる価値なしと確定し、では死のうと思考を始める。僕が鬱状態になると、妻は家に帰ってくる時、いつもアパートの前で飛び降りて倒れていないか不安なのだそうだ。本当に申し訳ない。

何もできないので、家の中で僕は手持ち無沙汰になる。しかも、襲ってくるのは自殺願望のみなので、かなりしんどい。その強い重力がかかっている状態で、暇だから僕は思考を再開する。結局、鬱期が終わってみると、この時に始めた思考こそが、その次からの僕の行動の指針となりテキストになっているということに気付くのだが、その時はとにかく必死なのだ。死なないためだけに考えるのだから。

しかも、それが二〇一一年の八月から四ヵ月つづいた。前回の二〇〇八年の時は一年間もつづいた。一年落ちると二年飛ぶ。この計算からいけば、今度は八ヵ月飛ぶことになる。二〇一二年の夏頃までは行けそうだ。ということで夏頃までの予定を立てる。つまり、一年というカレンダーで見るのではなく、自分の体を起点に人生設計を更新する。

絶望眼が目を覚ます

自殺願望を抱いている時が好きだといったら語弊があるが、それでも僕はそのような状況に陥った時、つまり絶望している時、「望みが絶たれた」ではなく、「望みを絶った」というふうに解釈する。そうすると、絶望は積極的な行為になる。まあ言葉遊びだけれど、そうすると主体が出てくる。自ら選んだ道になる。

そうやって絶望した時、僕は図書館に行く。東京にいる時は広尾の都立中央図書館。今は熊本県立図書館。そして、美術の歴史などの本を読んで、エジプトからずっと歴史をたどってみる。そうすると、興味深いことが起きる。社会を変えるための芸術か、他者に迎合した余興としての美術なのかが一目瞭然にわかってしまう。ペンキ絵が、ただの落書きなのか、深い空間を包含した芸術絵画なのか、が。

この絶望した男の視点、絶望眼が鮮明になると、世のほとんどのものはグレーに見える。もちろんこれはただの鬱の症状である。脳内のエリア25がほとんど機能しなくなるだけだ。そのおかげでほとんどのものに感動しなくなる。人はそれを病気と呼ぶ。でも、おかげで本当にやばいものに会った時、絶望眼がコンピューターのように寸分の狂いもなく、正確に反応する。

死のうと思うこと。絶望すること。実はそれは力だ。ただ、それは何か行動を起こそうとする力ではない。自分が大きな眼になるような力である。つまり、行動ではなく傍観、俯瞰の世界に入れる。芸術とデザインワークの間、自己実現と社会実現の間、そんな違いが一目瞭然に理解できる。そして、オズの魔法使いのように、目の前に鮮やかなイエローブリックロードが見え出してくる。

だから、やっぱり僕は寿命で死ぬまで自殺願望を持って生きていくのだろう。

自殺願望は実はまだ名前を持っていない。僕はそのよくわからない不明の力にいつか名前を付けたい。

「名付ける」。これは僕の仕事の一つでもある。

だから自殺願望がない人、もしくは以前あったがどうにか薬で治して、今は会社に毎日通っていても我慢できるようになった人、などはもったいないなあと思う。あの、ふぐの毒のような体験がなくなるのは僕は辛い。あれこそ「生きるとは何か」を考えることができる唯一の時間なのに。

死にたい時はとにかく見る

新政府は現政府と違って本気で自殺者を減らしたい。自殺者ゼロが、新政府の政策の柱である。僕の友人も数人自殺で亡くなった。そして、みんな絶望することは駄目なことだと判断し、そこから遠ざかる。だから、こんな味気ない政治しかできない人間たちになったんだ。味があるよ、音色があるよ、本当の人間には。

僕は人の味しか見ない。この人はどんな味があるか。この人に黒胡椒をちょっとだけ振りかけたらどんな味に変貌するか。生のローフードで食べたほうが美味しい人、ちょっと焼いたら、ゆでたら、とかいろいろ考える。料理をしよう。食材自身は料理ができない。つまり他者が料理する。それが人間関係なんだ。

だから、自分という食材の味を隠さないほうがいい。自殺願望があるのなら、あると言えばいいじゃないか。もちろん、恥ずかしいよ、今、鬱状態ですと人にさらすのは。だけど、それが僕の味だ。だから読んでくれている人たちがそれぞれ料理してくれる。励ましてくれたり、仕事をくれたり、お金をくれたりする。

自殺願望があるのなら、その絶望眼でもって社会を俯瞰し、どうやったら社会を変えられるか真剣に考えてみてはいかがだろうか。なにせこれは暇つぶしにはもってこいだ。鬱だから時間はあるし、金はかからない。金がかからないことをしよう。そして、これだけの金が必要だと言えるくらいのことを考え出そう。

絶望眼は自分にきわめて厳密な鑑識眼を与えてくれる。今までデザインワークが好きだと言っておけば満足できたものが、ちゃんと深い空間を包含した、思考の変革を促す「芸術」にしか興味が持てなくなる。そこがチャンスだ。その時メモなんかとらなくていいから、ちゃんといろんなものを見よう。そこから始まる。

死にたい時に行動しようとするから人は死ぬのだ。お金なんてなんの役にも立たないことを絶望眼は教えてくれる。考えるという行為は0円だ。僕はおかげで楽しいことにはお金はかからない。つまり、生きていくために実はお金は必要がないということに気付いている。もちろんそれを実現するにはまだまだ時間がかかると思うが。

死にたい時、僕は「おれは千利休である」と断定することにしている。何もしない。千利休が腐敗した鉄のサビに侘寂《わびさび》を見出したように、とにかく見る。チャンスだ。絶望眼はそんじょそこらの生の時間では現れてこない。死にたいギリギリの時やってくる。

死にたい時、芸術をつくるのではなく、芸術を探す。鬱の症状で、何もやる気が起きない。そして、いろんなものを見ても感動しない、とどんな医師も言う。でもそれは違うと思う。何もやる気が起きない＝行動してはいけない。感動しない＝それぐらい高いテンションの鑑識眼状態にある、ということ。

だから鬱病と言わずに、千利休病とでも言えばいいじゃないか。「おれ今、ちょっと千利休っぽくて」とさらっと言えば、新しい生活の匂いがしてくる。

それにしても、どうしたらよいものかこの自殺者数は。年間三万人という数は、普通に考えておかしい。僕はこれと芸術に深い関係があると思っている。

レイヤーをつくる

絶望眼でもって、自らの「生」や、これまでの歴史で生まれてきた「芸術」や、自分が含まれている社会のことを俯瞰すると、それぞれのレイヤーどうしが、至るところで交わっていることに気付く。

恋をしているような躁状態には、いろんなレイヤーをつくり出すことができる。いろんな良さに気付き、自分が知らなかった自分自身が根源的に持っていた興味なども出会うことができる。

そうやって出来上がったレイヤー構造の自らの精神を、今度は鬱状態の時に俯瞰する。そうすると、南方曼荼羅のようにいくつもの交差点が生じていることが見えてくる。それらは自らの使命を「具現化」するためのヒントになる。

自分の意識の中にある思考都市は、そうやっていくつもの交差点ができる。今、僕たちが暮らしている都市を見てもわかるように、交差点には人が集まってくる。そこは他の通りとは違い、不思議と力を持った場所になる。

そういうことを考えていると、交差していないレイヤーが、質感があって妙に気に入っているインドの路地みたいに思えてくる。こうやって自分の思考の中の都市を冒険していくのだ。それはとても楽しい作業だ。やればやるほど立体的に空間的にリアリティを持って迫ってくる。

絶望眼というのは、このように自分の思考都市を解析する能力を持っている。

無意識下で放置していた感覚をちゃんと呼び覚ましたり、編集したり、修理したり、結びつけたりすることができるのだ。だから、人間の精神状態で悪い時なんて、実は一つもない。

ちゃんと高い解像度で、自分自身に巻き起こっている現象を解析すれば、それはいつだって生きるための大きなヒントになるのである。

これが甘くなると、人のことを簡単に信じてしまう。自分のことをその程度のものだと妥協してしまうと、「主義」になってしまう。それが生きる信条になってしまうのだ。資本主義、共産主義、学歴主義、貨幣主義、常識主義、なんでもかんでもイズム（ism）になってしまう。

ここには思考は存在しない。無意識に自動的に動く、自分のものではない「生」になってしまう。

「ismではなくiZoom」

僕はこう言っている。capitalismではなく、capitali-zoomに変換するのだ。資本主義的思考に陥ってしまうのではなく、資本主義とは一体何なのだろうかと意識を持って考える行為、コンピューターのソフトであるPhotoshopになぞらえると「zoom」、つまりこれは解像度をさらに上げるという行為である。そうすれば、主義の中の信条に取り込まれるのではなく、「なぜ」という「疑問」、そして「問い」が生まれる。

もう主義主張のなんとかイズム（ism）はやめよう。これからは「iZoom」だ。自分が置かれている状況を、もっと解像度を上げて、具体的に見ていく。でも、同時にそれをコンセプチュアル・アートの領域ぐらいまで抽象的に見る。抽象的な思考でもって、具体的な「生」と対峙する。

言葉に注目していく。ある事象に注目していく。そして、それが集団で語られている単一レイヤー上の意味を把握し、個人というそれぞれのレイヤーに解凍し変換していく。その時に必要なのは抽象的な思考。しかし、それだけでは定着しない。鍵は具体的な、あなたの手である。

これはまったく難しいことじゃない。たとえば、あなたの家には映画のポスターが壁に、本棚には渋いセレクトの哲学書の横に古谷実の『シガテラ』が並べてあり、古着とギャルソンの服が一緒に掛けてあるかもしれない。ちょっとダサいものとハイセンスなものを同居させたり、小さい時からずっと好きな物を置いたりする。はい、それ、あなたのレイヤーです！

悩んでしまって、精神的にすごく参っている今こそ、それぞれの分野で自分の好きな方向性を確認し、それらが並列してつくり上げているレイヤー（あなたの部屋）を俯瞰し、ゼロから認識してみよう。

僕は困ったらいつもレイヤーづくりをやる。

モノは言いようだと言われてしまうかもしれない。

しかし、僕が今まで体験してわかったことは、こうやって試すという行為が、それ自体態度となっているので、それは一見、お金にならず無駄にも思えるが、その過程は人々に確実に伝わっていく。態度経済とは悩んで布団の中で絶望している時でさえ、交易されているのである。

高校時代の校長先生が卒業式に放った言葉はこうだった。

「姑息な無駄は無駄で終わるが、壮大な無駄は大きな財産となる」

さあ、喜んで「考える」というお金にはまったくならない壮大な無駄を実行しようじゃないか。

終　章　そして0円戦争へ

Zero Public

いよいよこの本も最後の章まで来た。おしまいにこれからの新政府の政策について書いてみたい。

まずは前からやっていることを引き続きやっていく。福島の子どもを長期休み期間に一時避難させる0円スクールキャンプの継続。二〇一二年は春と夏の二回、行うことにした。少しずつスケールアップしていかなくては意味がない。先日（二〇一二年三月末）、春のキャンプが無事に実現し、再び子どもたちを招くことができた。

今回、思いも寄らぬことが起きた。前回は僕とNPO法人代表の上村氏の二人で資金を集め、実行に移したこの計画だが、今年はいくつかの自治体から協力したいと申し出があったのだ。そして実際に資金まで一部負担してもらった。

これは新しい可能性だ。まず市民が政策を提案し、自らで実現する。そしてそれを行政に見せることで、納得させ、自治体の政策として組み込ませる。僕は何も行政を敵だと思っているのではない。ただ彼らが動かないから勝手に自分たちで始めただけだ。公共事業の新しいつくりかたを、今やっているのではないかという思いがある。

さらにこの計画では、もう僕は資金集めだけに集中し、後は若い世代に受け継いだ。僕だけの行動ではなく、熊本の市民がどんどん関わってきている。新しい共同体の可能性の萌芽もある。新しい教育システムの方法論にもなりそうだ。

そして、僕が次に手がけたい政策が、名付けてZero Publicである。日本各地に日本国憲法第25条を守った安全地帯をつくる。これが僕の目的だ。どういうことかというと、お金がなくても生きのびることができる生活圏をつくるということだ。0円でも生きられる家を公共建築として設計する。

僕はこの場所のことを経済特区ならぬ「0円特区」と呼ぶことにした。

0円特区は別に奇抜なものではない。これは日本国憲法をよく読めば、当然のことである。お金を稼がない人間は死ねばいいとする今の国家の政策は完全に違法である。人間はお金を稼がなくても、楽しく生きていくことができる権利を持っている。だからそれを新政府は政策として、公共とは何かを考えるきっかけとして、多くの市民と協力し、つくり上げようと考えている。

0円特区。言うは易しだが、もちろん実現は困難であろう。しかし、不可能ではない。なぜなら、この日本には先述してきたように、あらゆるモノが実は信じられないほど膨大に余っているからである。しかし、国家や企業は足りていないと思わせようとする。そうしないとモノが売れないからだ。サブプライムローンで大変なことになり家が余っているアメリカも、それらの家を壊し、また枯渇した住宅事情をでっちあげようとしている。

本当に愚かなことだ。そんな政策で国家が安定するわけがない。35年ローンをほとんど強要するような労働環境は、まるで奴隷制度である。その土地に縛られ、身動きが取れなくなる。それでも働かないと借金を返せない。死の灰がどれだけ積もっているとわかっていても、生活費、ローンを返すためには仕事をやめることができない。

そんな馬鹿な話があるだろうか。生きるという行為を勘違いしている。

新政府はその最も労働の根源である「お金を稼ぐこと」そのものにメスを入れようとしている。

しかも、それはみなさんもとても興味を持っていることではないだろうか。

働かないと人間が駄目になってしまう。お金もやはり少しは大事。そういうことを考える人のことも理解できるが、国民が住宅ローンや車の購入など借金をすることで経済が発展するという、まったく合理的ではない考え方をもう改めないといけない。

さあ、そろそろ行動に移そうじゃないか。僕たちがおかしいと思っていることを本当に態度で示そうじゃないか。これは戦いでもある。労働という、お金という軛《くびき》からの解放運動だ。僕たちはある意味では悲しいかな奴隷である。そこから抜け出さないといけない。

そのための戦いである。しかし、僕は非暴力・不服従の精神だ。しかも0円精神。

つまり、Zero Publicは0円戦争だ。暴力は一切ない。0円という攻撃である。思考することで起こす革命である。

さあ、みんなも一緒に始めよう。この政策にはみんなの力が必要である。

0円特区の具体像

0円特区というものは、どのような姿になるのだろう。もう少し具体的に考えてみたい。そもそも日本の中で0円で暮らしていくということが、本当にできるのだろうか。

しかし、ここまで読んできてくれたみなさんには、それが可能であることはわかるだろう。つまり、路上生活者たちはもうすでに0円特区を実現している。多摩川河川敷に行けば、その国有地に勝手に住むことは今でも許容されている。そこでは家賃は0円だ。家の材料も「都市の幸」を使えば0円で建てることができる。多摩川のロビンソン・クルーソーをはじめとした先人たちは一足先に、この0円特区を実際につくり上げている。

だから「革命はすでに起きている」と僕は思っているのである。

もちろん、それは違法スレスレの生存権だけを柱にした行動なので、国家が本当に行動を始めると、おそらくすぐ撤去されるだろう。しかし、それでも今の状態で実現していることは頭に入れておいてほしい。荒唐無稽なことではないという意識をまずは持ってほしいのだ。

この0円特区を、もっと誰にでも可能な、そして誰でも利用できるような「公共」の政策として実現することができないか。僕はそう考えている。つまり、これは僕が自分の使命を感じてからずっと実現したいと願ってきた夢でもある。

生活費が0円になれば、労働に縛られることがない。自分で人生を選ぶことができる。何もしたくない人はしなければいい。そんな人はいないから。人はそれでは退屈なので、何かしら行動を求める。お金のためでなくても公園をつくろうとする、あの中野の庭師のように。労働から解放されるということが使命を全うするための近道になるはず。僕はそう考えている。

新政府の領土拡大作戦

僕は0円特区をつくるためにまずzero-public.comというウェブサイトをつくった。左の図を見てほしい。日本地図がある。そしていくつか立て看板がマッピングされている。マッピングされている地点。ここは新政府の領土である。みんなで自由に使える公共の土地だ。しかし、勘違いしないでほしい。これは現政府レイヤーと違う、新政府レイヤーである。つまり、所有権などはない。売ったり買ったりすることもできない。ただひたす

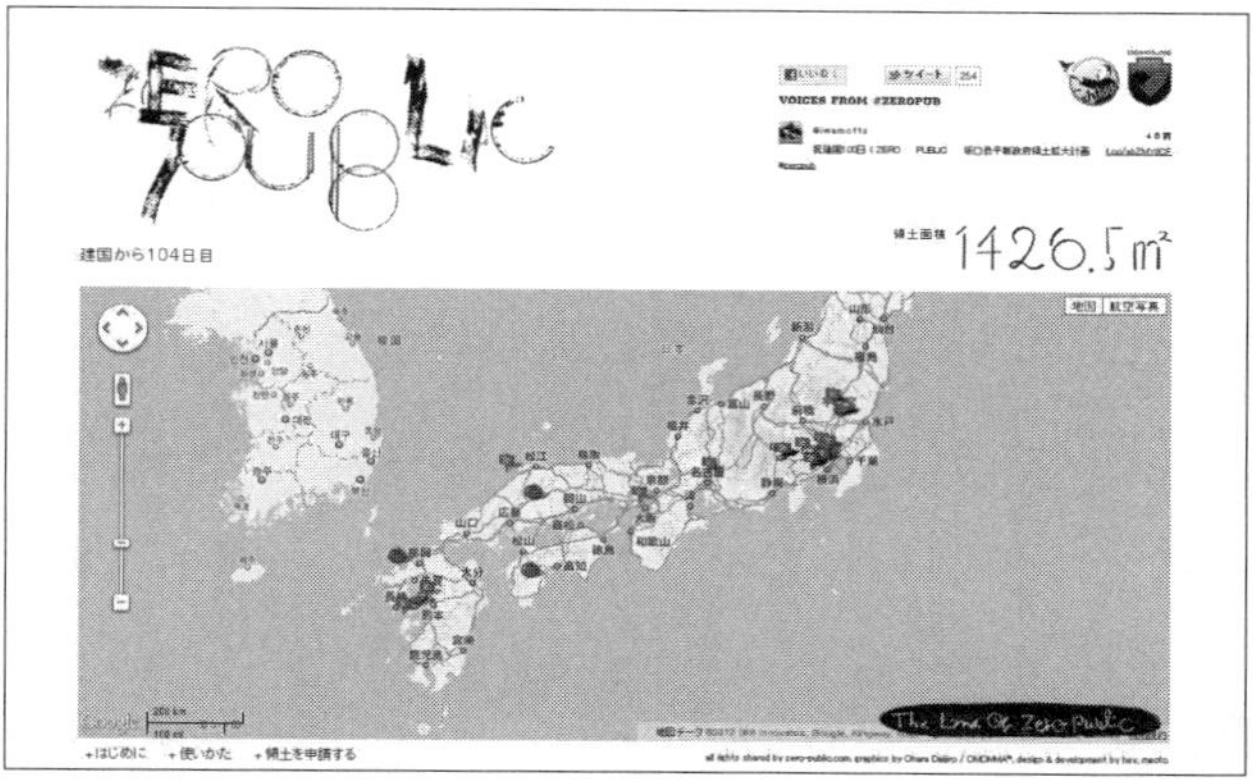

新政府領土拡大計画（http://www.zero-public.com/）

ら利用する。公共の場としてみんなで協力して使うための土地である。

これらはどのような土地なのか。

先述したような、誰のものでもない土地、所有者不明の土地もマッピングされている。これらは本当に誰のものかわからないので、まずは新政府で使ってみようと考えている。しかし、実際のところ所有者不明の土地を見つけるのはそんなに容易なことではない。

むしろ、僕の本当の目的は何かというとそれは、

「余っている土地をすべて新政府の公有地にしたい」

のである。どうせ使わないなら、転売とかはしないし、コンクリート基礎を埋めて勝手に不動産などもつくらないので、利用権を提供して

ほしいということだ。Zero Publicで試したいのは、この余っている土地や家や畑の転用の方法論である。

サイトを見ると、右上のほうに領土面積と書いてある。二〇一二年四月現在、１４２６㎡の土地を申請してもらった。つまり、余っている土地を使ってほしいという人がこれだけ提供してくれたのだ。余っている人はできるだけ有効活用をしてほしいと実は思っている。このように政策として表明すると、余っている人と求めている人の交易がスムーズに実現する。

これも新しい経済である。しかも、土地の売買などとは別のレイヤーに存在しているので、彼らも無駄な不安を感じることがない。別に契約書などもつくらない。余って使われていない土地を使うのである。０円で喜んで提供します、となるのだ。

日本の空き家、休耕地を足すと、膨大な量になる。しかし、それでも今の経済では次々と家が建てられている。土地が高い値段で売買されている。東京という一極集中する場所をつくる理由も、なんとなくわかるのではないだろうか。もしも地方分権されたら、東京の地価は下がる。そうすると、あらゆることが崩壊してしまう。不動産がいかに妄想の経済かということがばれてしまう。そのため、国家は必死に東京幻想をつくり続ける。地価が高いなんて妄想なのに、人々はそんな家や土地を購入しようとやっきになって労働に奔走する。
もうそんなサイクルは今すぐやめよう。
土地は余っているのだから。

食費0円

そうやって0円で提供してもらった土地では、0円特区という名前なのでもちろん生活費0円の生活を送ることができる。そこでは、たくさんの果樹が植えられている。野草が植えられている。農業を行いたいわけではない。あらゆる植物を自生させるのである。そうすれば、労働は必要がない。どれも太古から火すら使わないでそのまま食べてきたものだ。おなかが空けばそれらをもぎ取って食べればいい。

世界中の様々な果物や野草を試してみたい。僕の友人のブラジル人はいつもバナナばかり食べていて、これが一番面倒くさくなく、お金もかからず、しかも栄養価も高い最高の食事だと言っていた。

毎日なんか食べたくないという人は食べなければいい。

でも、0円で生きていきたいという人は食べればいい。火も電気も必要がない、そのままだ。食事に時間がかかることもない。自分の使命にさらに集中できる。

食費0円。つまり、これは人為的な農業を行わず、ただ植物を生かす空間をつくり、自然の形のまま育てることによって実現する。そんなときに、今行っている収穫のように根こそぎ奪ってしまうことはしないだろう。全部摘むのではなく、腹八分目で、みんなのためにもとどめておく。そういった、人間の法のようなものが求められる。

また同時に、ここでは様々な果物や野菜や自生する植物が植えられているので、それは種子の保存にもつながる。TPPが実施されてしまったら、僕たちは種も世界的にコントロールされてしまうようになる。それを防ぐためにも、種子の保存が重要である。僕のユトレヒトの友人グースは世界でも有数のシードバンカーである。世界中のありとあらゆる種子を集めている。彼ら新政府種子大臣たちと協働して、この未来の子どもたちにも有益な種子銀行《シードバンク》としての役目も同時に果たしていきたい。

総工費0円

次は住まいである。

もちろん、0円特区ではモバイルハウスが建てられる。建設は住む人にそれぞれやってもらう。三日もかければ誰にでもできる作業だ。これはやればそのまま自らの生きのびるための技術にもなり一石二鳥だ。家を自分で建てるようになるという教育にもなる。教育

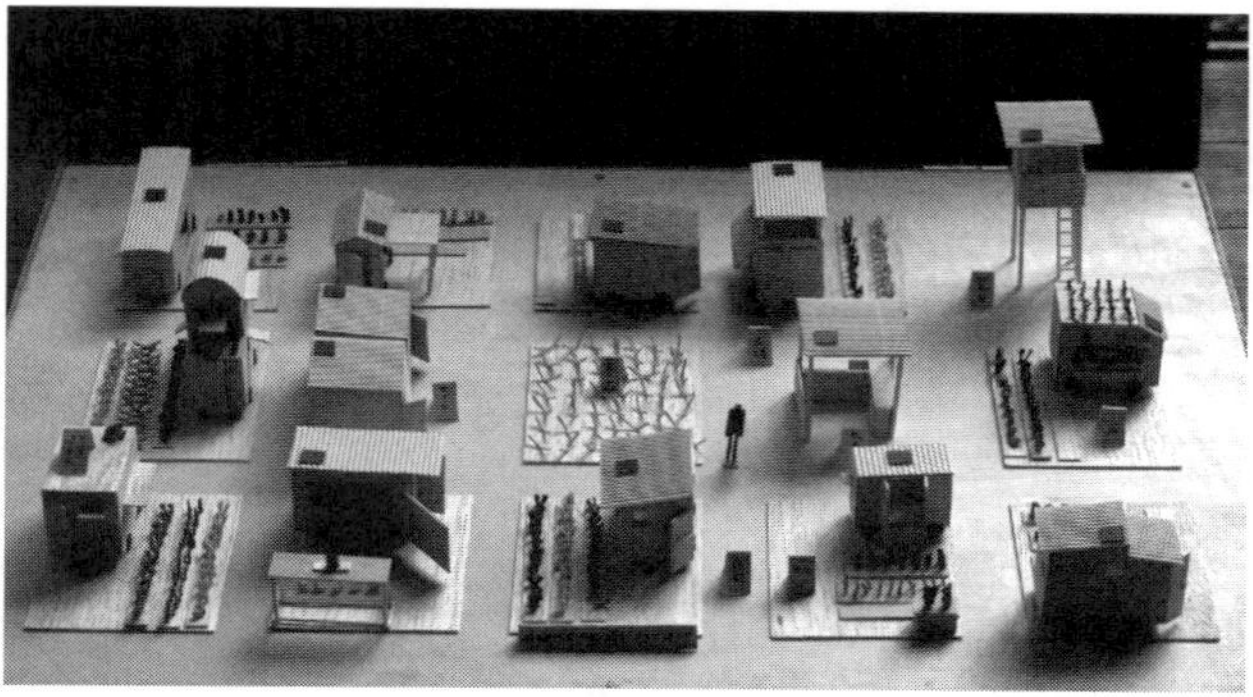

モバイルハウスが建ち並ぶ0円特区のイメージ

機関であり、サバイバルの技術習得であり、身を守るシェルターになる。家を建てるという行為は、実は人間にとって太古からなくてはならない最重要な生活要素なのだ。その復活を行う。

もちろんモバイルハウスなので、コンクリート基礎が必要ない。可動産なので、土地の所有者にも迷惑はかけない。もしも、所有者が使いたいと申し出てきたら、次のところへ移動するだけである。0円特区を出ていこうと思ったら、他人にあげるか、ネジを外して全部解体すれば、また他の人が使える。循環できる家でもあるのだ。しかも安い。もちろん0円特区では総工費0円も実現させたいと考えている。

どうやって実現するのか。

熊本の親友が、県内でも有数の産業廃棄物処理会社の社長をやっているのだが、彼を新政府リサイクル大臣に任命した。なぜならば、彼は住宅廃材をお金を払って捨てている現状に疑問を感じ、それぞれ部品ごとに分けて収集し、それをストックしていると僕に教えてくれた。これはとても大きな可能性だ。

現在、住宅廃材はよほど値打ちがありそうな豪華な梁《はり》などでないかぎり、捨てられる運命にある。しかし、木材は新建材と違って、木が生きてきた倍の年数は利用することができる。とてもゴミとは言えない、重要な資源なのだ。これを新政府は公共財として完全にリサイクルしてモバイルハウスの材料として転用する。

ホームセンターのように材料別に分けて並べるような施設をつくろうと考えている。ホームセンターならぬホーム0円センターである。

どれでも0円。それを使って建設をするのだ。子どもなんか楽しくなって喜ぶこと必至である。

エネルギー政策

水は井戸を復活させたい。それで今まで人間はやってきたのだ。なぜ塩素まじりの水道水しか、しかもお金を払って飲まなくてはいけないのか。熊本には湧き水もたくさんある。もちろん、今はかなり危険な農薬を使っているので、土壌に毒が忍び込んでいる。こちらは研究する必要があるだろう。本当に人間は愚かなものだ。自分たちの都合のためなら、毒でさえばらまく。福島第一原発爆発のはるか以前から、人間はずっと毒をばらまいているのだ。

エネルギーについても考えたい。

0円特区では基本的なエネルギーを12ボルトにしたい。もちろん個人の自由なので、100ボルトがいいという人はそれでもいい。しかし、12ボルトの便利さを知ったら、誰も電気代を払ってまで100ボルトにする人はいなくなるだろう。

かといって、メガソーラーなど愚の骨頂だ。あんなのは馬鹿げている。僕が路上生活者たちから教えてもらった技術を踏襲する。小さいソーラーパネルから始める。それで自分がどれだけ電気量が必要なのか、まずは「量」を把握してもらう。テレビはもう見なくてもいいだろう。誰もテレビを信じていないと思う。だからコンピューターをしっかりと使えるような電気システムを12ボルトで構築する。そうすれば電気代ももちろん0円である。

そんなことを考えていると、ある日、飲み屋で新政府に興味を持っているという一人の男性と出会った。彼は歯医者をやっていた。しかし、彼にはもう一つの顔があった。それは、在野のエネルギー研究者であったのだ。彼は菜種油、天ぷら廃油に可能性を見出し、独自の濾過システムを考案し、特許も取っていた。実は発明家だったのだ。すぐに僕は新政府エネルギー大臣に彼を任命した。

彼は、

「1ヘクタール（100m×100m）に菜の花を植えれば、一つの家族が自前の油田を持ったようなものです」

と言う。これはとんでもないことだ。ディーゼルエンジンであれば菜種油で稼働できる。つまり、石油が必要なくなるのだ。もちろん二酸化炭素排出もカウントされない。しかも、日本は休耕地が膨大にありすぎて困っている状態。菜の花は自生しているくらいなので、生育には問題がない。毎年確実に花を咲かせる。労働も必要がない。これは興味深いと思った。

いつか新政府は菜種油工場をつくるべきだ。春には黄色の花が咲き乱れ、観光地にすらなってしまうかもしれない。エネルギーでさえ、実は自分たちで、しかも0円でなんでもできるものである。もちろん、自然の贈与を受けてのことだが。僕たちは本当に自然には感謝しなくてはならない。地球に優しくなんて言っている場合ではない。僕たちはすでに地球に優しくされているのだ。

どんどん移動しつづける

こうやって日本国中の余ってしまっている土地を提供してもらい、新しい公共「0円特区」をつくり上げたら、今度は交易を行いたいと思っている。

別に僕は生活費0円であればそれで終わりだなんて思っていない。ただ、今の生活費のかかり方が憲法違反だと思っているので、家賃を払わないで生活できる場所をつくりたかっただけだ。それで生活が守られれば、次に僕たちはいよいよ使命を全うしなくてはならない。時間もある。労働からも解き放たれた。次に、抑制された芸術、社会を変えるための行動が求められる。

それには交易が必要だ。いろんな考え方をしている人間たちを交わらせる場所としての0円特区にもしなくてはならない。

なので、新政府は0円特区が完成したのちに、移動を促したい。そもそも人類はみな狩猟採集民で移動していたのだから、移動している時のほうが確実に思考が活発化するのである。これは合理的な方法論でもある。僕も熊本に来てまだ一年ちょっとだが、熊本やカナダやその他、様々な都道府県、国に移動していることが、こんなに精神衛生上いいとは思わなかった。しかも、収入まで倍になった。移動しない手はない。どんどん動いて、人々と交易を行おう。

しかし、この国は移動費が高い。新幹線なんて馬鹿みたいな値段がするし、飛行機のチケットも国内で乗るよりも海外に行ったほうが安い。移動費がネックになっている。移動を起こしにくい社会構造になっている。僕はこれも今の日本の労働環境とリンクしているように感じる。

その時、僕は自分が十八歳の頃からずっとヒッチハイクしていたことを思い出した。熊本から出発して、札幌まで行ったこともある。つまり、僕は0円で移動するプロなのだ。これをもう少しシステム化できないかと考えている。車を持っている人の移動距離や運転時間などを収集して、それらを編集し、電車のダイヤのようなものをつくり、相乗りをして移動し続ける。ヒッチハイクをもとにした新しい公共の交通をつくる。これも今すぐは無理だが、頭の中には入れておきたい。

このように僕は0円特区の在り方を考えている。

しかし、これはまだ僕のアイデアだ。政策をつくるにはやはり議論が重要である。国会のようなものが必要になってきた。

国会を0円でゲット

0円特区のことなどを、僕はいろんなところへ飛んでいって、時にはノーギャラであっても全国各地、世界各地で話し続けている。ノーギャラは当然だ。給料なんかよりも社会を変えたい人間。そんな人間こそが総理大臣にはなるべきだと僕は思っているからだ。

先日、とある銀行からトークショーに呼ばれた。僕は銀行が関わっている住宅の35年ローンを徹底的に批判している人間である。しかし、そんな僕にトークの依頼が来たのだ。とても興味深い社会の動きだ。もう銀行や住宅メーカーも実は気付いている。そんな家の売り方、国民の借金によって成立している経済の在り方が間違っていることを。

というわけで、先日僕は六本木にある東京ミッドタウンに行って来た。七階にある銀行が設立したフリースペースでのトークであった。トークは盛況し、銀行の方も楽しんでくれたようだ。未来の光が見えた素晴らしい会であった。

トーク終了後、銀行の方と話していると、マネージャーの方が、

「あの、うちのフリースペースを新政府領土として使用権譲渡の申請をしたいんですが」

と言ってきた。僕は冗談と思い、吹き出したが、どうやら本気らしい。

ということで、新政府は六本木の洒落たビルのワンフロアを丸々、使用権だけではあるが獲得したのである。

そして、僕は決めた。

「このスペースを新政府の国会にする。さすがにそう言うと、銀行の人たちにも現政府レ

イヤーで迷惑をかけそうなので、大学ということにする。そして、未来の公共の在り方を考え、議論を交わす場として運営する」

すぐに銀行側に伝えると、

「新政府と名乗られるのはまずいですが、公共の在り方を考えるというのはここのスペースの思想とも重なりますので、どうぞ使ってください」

と快く許可してくれた。

社会はこのように、実はとても楽しいものだ。こちらが明るく楽しいアイデアを出せば、みんな協力したいのである。

そんなわけで、二〇一二年四月から、東京ミッドタウンで国会が始まった。月に一度、参加者資格不問、年齢不問、技術不問、それぞれがそれぞれ自分は何大臣かを考え、それに従い、動いていく。自治を行う。自分たちの手で公共をゼロからつくり上げていく。

これが本来の国会の姿だなあと思った。

初回は四十五人が集まり、0円特区をどのようにして具体化していくかの議論が活発に交わされた。

拡張を続ける新政府

ある日、不思議なメールが届いた。送信元はベルギー。英文のメールだった。内容に僕は驚いた。

なんと、そのメールの送り主はどうやらベルギーの新政府総理大臣で近々日本に行くので、日本の新政府総理大臣である僕と首脳会談をしたいとの申し出であった。

ベルギーは政府がなくなるという事態に陥ったことがある。その時に、何人かの若い人たちがそれぞれ独自の自治を始めようと試みたらしく、彼らからするとこの僕の新政府活動はまったく狂っているようには見えず、むしろ真っ当な行動であると感じているらしい。

先日、NYでの大きなデモ活動「オキュパイ・ウォールストリート」にも関わっている活動家、トッド・レスターと対談したときにも、今、若い人たちに独立国家をつくろうとするような大きな自治のエネルギーが世界中で巻き起こっていることを体感した。彼も僕の新政府活動に共感を示してくれ、一緒に行動をしたいと言ってくれた。

原発の問題も、日本だけの問題ではない。世界中で同時に起きている、とても狂った問題である。僕たちはちゃんと損得無しで、未来に対して何ができるのかを真剣に考えなければいけない時期にさしかかっている。

二〇一二年二月に横浜の神奈川芸術劇場で展示したモバイルハウスの新作三軒は、三軒とも即完売した。０円で配った図面もまたたく間になくなった。昔は馬鹿にされていたが、とうとうモバイルハウスも冗談ではなくなってきた。

土地の所有と住宅ローンや家賃の問題、そして労働という名の奴隷問題。僕が思考しているこうした社会への問題点に対して、モバイルハウスは一つの「答え」を見せてくれるのではないか。僕はそう考えている。

この展示はＴＰＡＭという世界に日本のパフォーマンスアートを紹介する催しの中で行った。欧州のディレクターたちは僕の活動を、一つのパフォーマンス芸術と見ていた。日常での行動すらも演劇化しているととったのだ。これはとても興味深い視点であった。

二〇一二年の七月はソウル、八月はスロベニア、九月はスイス、そして十月はドイツのベルリンで大きなフェスティバルに参加することになった。どれもモバイルハウスの展示が主たる目的だ。新政府活動は日本だけでなく、世界中で求められているように感じられた。０円特区も世界中でつくっていきたいと思う。

ただひたすらに

僕の人生は不思議にどんどん変化していくが、根元はいつもあのドブ川の冒険である。

何かを買うのではなく、変化させるのではなく、自ら思考することで、世界そのものを反転させる。世界の在り方を拡張する。これからも僕のこの自治の精神は続いていくだろう。

大変なこともたくさんあるだろう。

でも、僕は気にしない。どんどん突き進みたいと思う。

幸運なことに、もう誰も僕を変人扱いはしない。世界中で同じことを考えている才能が溢れているのだ。自分の損得よりも、社会を拡張することに集中している楽しい人間たちがいる。今まで会ったことがなくても、瞬時にわかり合える素晴らしい仲間たちだ。

一緒に戦っていきたい。しかも0円で。

必ずや将来、政治の在り方が変わる。

自治が主体の社会になる。

そう僕は確信した。

独立国家は、僕たちそれぞれの精神の中に、確実に生まれていると実感した。

これから始まるのだ。

勇気を持って、仲間と協力し合い、時には馬鹿みたいなことでもして笑いながら、気合いを入れて、取り組みたいと思う。

独立国家のつくりかた。

それを考えるということ。
それは、
「生きるとは何か？」
を恥ずかしがらずに真剣に考えることだ。
思考しよう。そして、社会を拡張しよう。
僕は、恐れても恐れず、ただひたすら思考し、生を全うしたい。
それが僕の使命なのだ。

エピローグ　僕たちは一人ではない

ゼロから生活のことを、住まいのことを、己の人生のことを考える。それこそが僕が考える「芸術」だ。そんな具体的なことを考えること、「量」を知ろうと自らの体験でもって試みること。そこに「技術」が生まれる。生まれた「技術」はお金を稼ぐためのものじゃない。まわりの人間たちに伝えたい「贈与」となる。

そんなことを実現させるために0円特区は存在している。そういう場所があることが、人それぞれのセーフティネットであるだけでなく、それぞれの哲学の起点となるはずだ。もともと、人間は土地なんか所有できない。しかも、そんなこと小学生だったらみんなわかっている。

それを年齢を重ねて、思考を失った僕たちは勘違いする。

しかもそれが勘違いだとわかったうえで実行してしまっている。

もうそろそろそのことに気付き、行動をしないか。

そうやって僕の新政府は始まった。自分でどこまでできるのか。それがわからずに死んでたまるか。

娘ができたことも大きな理由だったと思う。この未来の才能に、僕は何が伝えられるか。

その時に、仕方がないとは言えなかった。

間違ってもいいから行動すべきだと判断した。

そして、新政府を立ち上げてからもうすぐ一年になろうとしている。

間違っていなかったと確信している。

自分の使命に気付けたからだ。

人々は自らの才能を社会に対して贈与するために、労働から少しずつ離れようと試みる。０円特区はそのための一つの装置となる。家の在り方を考えることが、すなわち経済であると実感できるようになる。そして、自らの新しい経済をつくるという行為を始める。

それは貨幣との交換ではない、それぞれの才能の交易によって形作られる新しい共同体だ。

それぞれの違いを把握し、集住するわけでもなく、移動し交易を続けるようなソーシャルネットワーク。

インターネットは一つの手段でしかない。

本当の目的は人と人が直接出会うことだ。

だから、歩け、とにかく歩け。

人と出会え。

納得がいかないことに思考停止させるな。思考せよ。拡張せよ。

自らの複雑なレイヤー構造になっている思考都市をさらに立体的に空間化せよ。

それが「生きる」だ。

考えることをやめてはならない。

それは僕たちのエネルギーだ。

爆発するのではなく、抑制した思考をもとにつながっていく。

芸術としての自治を行う。

僕たちは一人ではない。それぞれの人間はむしろ原子だ。自分は何の役目を持っているのか。それを考えることは同時に社会という人体のような総合体をケアすることだ。

細胞の一つだという思考を持ち、つながっていく。そして一つの巨大な体をつくり上げ、それらを有機的に動かそうと試みる。

そんな社会をつくりたい。

そんな人間でありたい。

僕はそんな生を全うしたい。
もう時間だ。
みんな今すぐ持ち場に戻って、行動にとりかかろう。
また会おう。どこかできっと。

あとがき

今、シンガポールに来ている。新政府シンガポール大臣から誘われた僕は、ここシンガポールで講演を行った。シンガポール人だけでなく、日本人、イタリア人、スペイン人、オーストラリア人など様々な国の人々が集まってくれた。次はジャカルタでの極小の家、マイクロハウスのシンポジウムをやろうという話にもなった。モバイルハウスが世界中を飛び回り始めている。

『モバイルハウスのつくりかた』という僕のドキュメンタリー映画も六月に公開される。路上生活者について書いた僕のフィールドワークは映画の原作となり、堤幸彦監督による『MY HOUSE』という作品になった。

これまでほとんど陽の目を見なかった僕の仕事が十年ほどたった今、すごい速度で世界中を飛び回ろうとしている。僕は興奮している。しかし、同時にこれは本気でやらないと大変なことになると責任も感じている。

焦らずにやってきてよかった。時間をかけて、決して諦めずにやれば己の態度は確実に世界に伝わる。社会を変えるきっかけになるのだ。

二〇一一年の五月に新政府を立ち上げた僕は、その後三ヵ月間、寝ずに避難計画や福島の子どもを熊本に一時避難させる0円サマーキャンプなどに奔走していた。もしかして、この突如思い立って始めた自治も可能性があるのかもしれないと思い始めていた八月、僕は肉体的に限界だったのだろう、二年ぶりの鬱状態に突入した。その後、四ヵ月間、ほとんど原稿も書けず、昼間から家の布団にくるまり自分が始めた新政府というふざけた行為に対して後悔ばかりしていた。両親には精神病院に連れていかれた。僕は狂っていないと思っていたが、まわりもさすがに新政府活動はやりすぎじゃないかと疑っていた。

この本は、その鬱状態にある時に、ずっと考えていたことをもとにして書かれている。もちろん、その時には一行も書けなかったが、考えた先に光が見え、僕は四ヵ月ぶりに外を元気に歩くことができた。

そして、その後一心不乱に書き始めた。

場所はもちろんツイッターにだ。毎日原稿用紙で四十枚近く書いた。立ち上がってからも、もうすでに千五百枚くらい書いている。そして今もまだ書き続けている。

ツイッターは当然ながら、ネット上に公開しているので、すべて0円で読める。

僕はそれでいいと思ったのだ。自分の原稿はただ人に届けたいだけ。

お金がない人でもネットさえあれば読めるような仕事をしたい。

そして僕は0円で書き続けた。

ある日、後にこの本の担当になる講談社の川治豊成氏から、この0円で公開している原稿をもとに書籍をつくりたいとの打診があった。僕は0円で公開しているので、本になっても誰が買ってくれるのかわからないが、それでもいいのかと尋ね、もちろんですという川治くんを信じて、今回書籍化することになった。川治くんには感謝したい。まったく別の本が出来上がったと確信している。

僕はこれからもずっと0円で原稿を社会に勝手に送り続けていこうと思っている。

これが僕なりの態度経済だ。


独立国家のつくりかた、といういささか大袈裟なタイトルだが、僕はこれしかないと思い、書籍化が決まった瞬間からずっとこのタイトルだった。

この混迷の時代、それぞれが自治を行い、それらが協力し合うような社会が来るのではないか。僕も微力ながら実行しているが、毎日、大きな人間の力を感じ、新しい経済の可能性を感じている。

経済本来の意味を考えたい。

それが僕がこの本を書いた目的だ。

あなたにとっての「生きのびるための技術」を磨き、それらを交易させ、社会をどんどん拡張させていこうじゃないか。

これからがとても楽しみだ。

最後になるが、僕のツイッターにどんどん忠告、批判、アドバイスを送ってくれた新政府国民のみなさん、そして、インスピレーションを与えてくれた友人たちに感謝を伝えたい。

新政府というどこからどう見ても狂っているとしか思えないこの行動を支えてくれた妻フーと「パパは普通だよ」と言ってくれた娘アオには命を救われた。一番近くにいつもいてくれている二人へ。ありがとう。

何かがもうすでに始まっていることを確信している。

革命はもうすでに起きているのだ。

二〇一二年四月九日　シンガポールの南風に吹かれながら

坂口恭平

N.D.C.113　222p　18cm
ISBN978-4-06-288155-5

講談社現代新書　2155

独《どく》立《りつ》国《こっ》家《か》のつくりかた

二〇一二年五月二〇日第一刷発行　二〇二三年五月一五日第一〇刷発行

著者　坂口恭平《さかぐちきょうへい》　

発行者　鈴木章一

発行所　株式会社講談社
東京都文京区音羽二丁目一二―二一　郵便番号一一二―八〇〇一

電話　〇三―五三九五―三五二一　編集（現代新書）
〇三―五三九五―四四一五　販売
〇三―五三九五―三六一五　業務

装幀者　中島英樹

印刷所　株式会社KPSプロダクツ

製本所　株式会社国宝社

定価はカバーに表示してあります　Printed in Japan

「講談社現代新書」の刊行にあたって

教養は万人が身をもって養い創造すべきものであって、一部の専門家の占有物として、ただ一方的に人々の手もとに配布され伝達されうるものではありません。

しかし、不幸にしてわが国の現状では、教養の重要な養いとなるべき書物は、ほとんど講壇からの天下りや単なる解説に終始し、知識技術を真剣に希求する青少年・学生・一般民衆の根本的な疑問や興味は、けっして十分に答えられ、解きほぐされ、手引きされることがありません。万人の内奥から発した真正の教養への芽ばえが、こうして放置され、むなしく滅びさる運命にゆだねられているのです。

このことは、中・高校だけで教育をおわる人々の成長をはばんでいるだけでなく、大学に進んだり、インテリと目されたりする人々の精神力の健康さえもむしばみ、わが国の文化の実質をまことに脆弱なものにしています。単なる博識以上の根強い思索力・判断力、および確かな技術にささえられた教養を必要とする日本の将来にとって、これは真剣に憂慮されなければならない事態であるといわなければなりません。

わたしたちの「講談社現代新書」は、この事態の克服を意図して計画されたものです。これによってわたしたちは、講壇からの天下りでもなく、単なる解説書でもない、もっぱら万人の魂に生ずる初発的かつ根本的な問題をとらえ、掘り起こし、手引きし、しかも最新の知識への展望を万人に確立させる書物を、新しく世の中に送り出したいと念願しています。

わたしたちは、創業以来民衆を対象とする啓蒙の仕事に専心してきた講談社にとって、これこそもっともふさわしい課題であり、伝統ある出版社としての義務でもあると考えているのです。

一九六四年四月　野間省一